Henri

MESCHONNIC

앙리 메쇼닉

리듬의 시학을 위하여

앙리 메쇼닉

리듬의 시학을 위하여

루시 부라사par Lucie Bourassa 지음 | 조재룡 옮김

인간사랑

Henri Meschonnic : Pour une poétique du rythme by L. Bourassa

역자서문

이 책의 저자 루시 부라사 교수를 내가 처음 만난 것은 1997년 프랑스 파리 8대학의 박사과정 세미나(école dotorale)에서였다. 당시 파리 8대학 문과대학에서는 한 달에 한 번꼴로 세미나를 개최되곤 하였다. 이 세미나에는 대부분 교수들과 문학분야에 종사하는 학자들, 박사과정에 재학 중인 학생들이 참석하였으며, 전반적인 주제 또한 매우 전문적이고 독창적인 내용으로 구성되곤 했다. 캐나다 몬트리올 대학교 불문과에 교수로 재직 중이었던 저자는 당시 프랑스에 체류하면서 앙리 메쇼닉 교수와 공동연구를 진행하면서 파리 8대학에 다양하게 개설되어 있던 석 · 박사과정 수업을 틈틈이 청강하기도 하였다. 메쇼닉 교수의 리듬 이론을 토대로 현대 시 전반의 분석에 관심을 갖고 있었던 부라사 교수는 프랑스에 체류하는 동안 「시학」(*La Poétique*)을 비롯하여 프랑스의 여러 학술지에 좋은 글을 실었던 것으로 기억된다. 현재 20세기 퀘벡 시인들과 프랑스 현대 시인들을 중심으로 활발한 연구활동을 펼치고 있다. 또한 몬트리올 대학교에서 발행하는 「프랑스 연구」(*Etudes francaises*)의 편집장을 역임하면서 문학과 시학이론, 시인론을 다룬 다양한 저서를 프랑스와 캐나다 현지에서 출간하였다.

학위를 마치고 귀국한 2002년 이후 메쇼닉의 수많은 저서들을 중 『시학을 위하여 I』(*Pour la Poétique I*, 1970, 갈리마르) 단 한 권만을 달랑 번역 · 출간한 후에 다른 책들을 제쳐두고 굳이 내가 이 책을 먼저 번역하고자 마음을 먹게 된 동기는 비교적 간단하다. 말하자면 그것은 프랑스에서 난해하기로 악명을 떨치고 있는 메쇼닉 이론의 개론서로 이 책이 비교적 적합하다고 판단하였기 때문이다. 몇몇 지점들을 제외하고 이 책은 메쇼닉 이론 전반에 대한 이해를 조금이나마 도울 수 있는 초석이 될 수 있을 것이라 사료된다. 책의 구성과 내용이 매번 독자들의 이해에 맞추어 전개되지만은 않았지만, 그럼에도 이런 종류의 2차 서적을 출간한다는 저자와 출판사의 의도에 이미 메쇼닉의 시학 전반에 대한 체계적인 소개(그리 간단하지만은 않은)를 목적으로 한다는 사실이 함축되어 있게 마련인 것처럼, 나 역시 본격적으로 국내에 메쇼닉 이론이 수용되기 전에 개괄이나마 소개되는 것도 거시적인 관점에서 그다지 부정적이지는 않을 것이라고 판단하였다. 소위 2차 서적이라 불리는 연구서들이 대게 특정 분야의 대가들이나 난해하기로 이름난 몇몇 학자들에게 할애되고 있는 데는 이유가 있을 것이다.

한편 이 책을 번역하기로 결심하기까지 내겐 다소간의 용기가 필요했는데, 라캉이나 하이데거, 데리다나 들뢰즈 이론의 수용과 이해를 돕기 위한 저서들이 서로 앞을 다투어 국내에 소개되어 왔다는 지극히 평범한 현상이 소심한 내게 필요했던 약간의 용기를 주었다. 물론 이 책이 출간됨으로써 메쇼닉이 개진하고 있는 시학 및 문학이론, 번역이론의 대략적인 얼개를 인문학에 관심 있는 독자들이 조금이나마 가늠해 볼 수 있으면 하는 바람이 있는 것도 사실이다.

메쇼닉 시학의 기저에 자리 잡고 있는 인식론적인 토대들을 차분하게 정리하고 추려내는 작업이 이 책의 출발선을 이루는 것도 바로 이와 같은 까닭이다. 저자는 인문학 전반의 맥락을 헤아려 착수되어야 메쇼닉의 이론이 설정된 지점이 드러날 것이라 생각했을 것이다. 이 책에서 저자가(물론 일반적으로도 그러하다) 메쇼닉의 시학이론 전반이 형성되는 데 적잖은 영향을 끼친 경우로 꼽아본 학자들은 기호학의 아버지로 불리는 페르디낭 드 소쉬르, '디스쿠르의 주체' (sujet du discours) 개념을 제안했던 에밀 벤브니스트, 문학 텍스트의 특수성 연구에 새로운 이정표를 제시했던 러시아 형식주의, 마지막으로 '전통이론' 에 강력한 이의를 제기하면서 변증법적 '비판이론' 을 개진하였던 프랑크푸르트학파이다.

마르크스나 프로이트와 더불어 격동의 20세기를 화려하게 장식했던 이 네 가지 지적 운동이 메쇼닉의 사유에 끼친 영향력과 파장을 고찰하면서 저자가 강조하고자 하는 것은 이 학자들이 제시한 다양하고 새로운 이론들을 메쇼닉이 어떻게 독창적으로 해석하고 활용하면서 자신의 시학 이론이나 리듬 이론에 접목시키고 있는가 하는 점이다.

사실 구조주의나 기호학 일반에서 수용되어 왔던 소쉬르와는 사뭇 다른 소쉬르 이론의 독해를 바탕으로 메쇼닉은 오늘날까지 자신의 시학이론을 개진해 왔다고 볼 수 있으며, 메쇼닉 본인도 이러한 사실을 결코 감추지 않는다. 아니 오히려 메쇼닉은 공공연히 이러한 사실을 강조해 오기조차 하였다. 때문에 메쇼닉의 이론적 제안들이 이분법을 바탕으로 소쉬르를 계승해 왔던(엄밀히 말해서 옐름슬레우의 이분법을 계승해 왔던) 일군의 문학 기호학자들(바르트, 그레마스, 크리스테바 등)과 매 시기 충돌할 수밖에 없었던 이유가 바로 여기에 있는 동시에, 메쇼닉 이론의 진정한 가치 역시 이러한 지점을 차분히 포착해낼 때 하나씩 드러날 것이라는 것이 나의 판단이다. 메쇼닉의 이론은 늘 타자들의 이론과 긴밀히 맞물려 있으며, 이런 까닭에 혹자들의 눈에는 지나치게 투쟁적이며 호전적으로 비추어졌을 수도 있다.

그러나 한편 오히려 이러한 관점에 입각하여 판단할 때 메쇼닉 이론의 진가가 드러나는 것도 사실이다. 예를 들어 2002년 갈리마르 출판사에서 출간된 소쉬르의 미발표 원고는 가장 대표적으로 메쇼닉의 학문적 진정성을 설명해 줄 것이다. 왜냐하면 소쉬르의 기호학으로부터 이분법만을 심화시키면서 계승한 1960년대 프랑스의 기호학자들보다는 오히려 '체계' (système), '가치' (valeur), '작동기능' (fonctionnement), 시니피앙과 시니피에의 불가분성 등의 개념을 소쉬르 이론의 핵심으로 간주해 왔던 메쇼닉의 소쉬르 수용에 타당성을 부여할 사유들이 소쉬르의 이 원고들에서 속속들이 드러나고 있기 때문이며, 따라서 그간 일부에서 호전적이며 편파적인 이데올로기에 치우쳐 있다고 비판해 온 메쇼닉의 이론적 행보가 결코 소모적이고 당파적인 논쟁이 아닌 진정한 비평이었음을 잘 알려준다.

벤브니스트의 이론에 관련되어서도 마찬가지이다. 벤브니스트가 평생 고심하면서 매달려 왔던 '발화행위의 주체' (sujet d'énonciation) 문제가 일반적으로 지시소나 인칭의 분석이라는 비교적 제한된 언어학의 카테고리 안에서 적용되어 왔던 것에 비할 때, 메쇼닉은 과감히 이 문제를 리듬 전반에 관한 사유와 접목시켰으며, 이를 통해서 주체성이 실질적으로 드러나는 과정(메쇼닉이 '시니피앙스'라 부르는 무엇)을 드러내려 하였다. 문학 전반과 관련된 러시아 형식주의자들의 다양한 이론이 프랑스에서 구조주의자들(특히 토도로프)에 의해 수용되면서 상당부분 굴절을 겪거나 나아가 왜곡되기에 이르렀다고 메쇼닉이 지적한 것도 이러한 맥락에서 볼 때 구조주의의 한복판에서 메쇼닉 홀로 구조주의의 한계와 전략을 포착해낸 1970년대 당시에는 매우 보기 드문 시도이자 성과였다고 할 수 있다.

이 책의 구성은 이렇듯 인식론적 영향관계를 헤아리는 작업에서 출발하여 전반적으로 메쇼닉의 시학이론에 근간을 제공하는 개념들을 하나씩 살피면서 진행된다. 메쇼닉의 이론 전반을 구성하는 디스쿠르, 시학, 역사성, 주체, 리듬, 시니피앙스, 번역 등과 같은 주요 개념들이 본문에서 다루어졌으며, 방대하고 난해한 이러한 개념들을 독자에게 펼쳐 보이는 과정에서 저자는 메쇼닉의 시학 전반의 맥락을 고려하여 개념들을 설명하고 개념들 사이에 굳게 결속된 상관성을 수차례 강조한다. 물론 때때로 설명이 지나치게 난해하거나 보다 많은 부분을 할애해서 전개되었어야 할 지점들, 혹은 이와 반대로 그다지 중요하다고는 볼 수 없는 지점들이 존재하는 것도 사실이다. 한편, 저자는 필요하다고 판단된 경우, 특히 『시학을 위하여 III』에서 개진된 엘뤼아르와 보들레르 시분석의 예처럼 메쇼닉이 분석한 문장들을 직접 인용하고 설명을 덧붙이는 방식으로 독자들에게 제시하기도 한다.

그럼에도 〈쟁점들〉 장과 더불어 아마 이 저서에서 가장 난해한 부분이 바로 여기가 아닌가 한다. 그 까닭은 이해를 돕고자 저자가 일부러 선택해서 친절하게 제기한 분석의 예들이 프랑스 시에 관련된 것들이기 때문에 한국의 독자들에게는 잘 와닿지 않거나 용어들(시작법을 구성하는 개념어와 메쇼닉 자신이 사용한 시학 용어들) 자체의 이해가 몹시 까다로워져 난해함이 배가될 수 있다고 여기지기 때문이다.

이후 〈쟁점들〉은 메쇼닉의 리듬 개념을 그 대척점에 놓였다고 여겨진 미셸 드기와 미셸 콜로의 제안들과 비교하였으며, 벤브니스트가 제안한 리듬에 관한 사유 역시 메쇼닉의 시학적 관점에서의 수용 이외에 현상학적인 관점에서 이것을 활용한 경우를 함께 제시하고 비교하였다. 이러한 비교를 통해서 저자가 겨냥하는 것은 물론 집필의 객관성이며, 부분적으로 이러한 노력이 성공한 것으로 보이기도 한다. 반면 이러한 저자의 의도는 어떤 면에서는 메쇼닉 이론의 소개 자체를 난해하게 만드는 원인을 제공한 것으로도 보인다.

마지막으로 〈열린 가능성〉에서는 메쇼닉의 시 창작을 소개하고, 몇몇 작품을 선별하여 보여준다. 한편 이 부분의 번역은 나에게 가장 커다란 고통을 남겨주었는데, 그 까닭은 메쇼닉의 시 작품 전반이 프랑스어 문법을 완전히 벗어나 개인적인 통사구조를 창출하는 데로 이어지기 때문이며, 번역하면서 개인적으로 각각의 시행을 구성하고 있는 리듬과 음성조화의 맛을 전혀 살릴 수 없음을 통감했기 때문이다. 메쇼닉은 '번역불가능성' 개념이 오로지 문화적이고 역사적인 효과일 뿐이며, '본질적으로' 그렇다는 사실을 명기하는 것 자체가 번역에 대한 번역자의 태도와 윤리를 바꾸어 버리기 때문에 '번역불가능성' 개념은 부정적인 효과를 양산한다고 비판하지만, 메쇼닉의 몇 편의 시를 번역하면서 나는 개인적으로 번역불가능성에 대한 메쇼닉의 제안에 다소 회의를 품게 된 것도 사실이다. 메쇼닉의 저서와 같은 난해한 이론서나 문학작품(특히 시)의 번역은 번역자뿐만 아니라 읽는 독자에게도 상당한 고통과 회의를 동시에 부여한다는 사실을 다시 한 번 확인한다. 여하튼 최대한 원문에 충실해서 번역하고자 노력하였으며, 이번을 계기로 다음번에는 이번보다는 좀 덜 서툰 번역자가 되기를 조심스레 희망해 볼 뿐이다.

책이 나오기까지 인내로 내 번역 원고를 기다려 준 인간사랑 출판부에게 감사드리며, 번역 실천과 번역이론, 번역비평 전반에 관해서 늘 필요한 충고를 건네주고 격려해 주신 한국번역비평학회 여러 선생님들께 감사드린다.

2007년 무더운 어느 여름날
명륜동에서 조재룡

목차

앙리 메쇼닉의 주요 저작들

여기서는 오로지 메쇼닉의 이론서들에만 국한되어 소개될 것이다. 본문에서 빈번히 인용하게 될 메쇼닉의 논문 「유일하게 벤브니스트처럼」(*Seul comme Benveniste*)을 제외하고 메쇼닉의 다른 논문들과 번역서들, 그리고 시작품들은 아래 소개된 리스트에서는 제외하였다. 본문에서 언급될 메쇼닉의 주요 저서들은 괄호 안에다 약자로 표기하기로 한다.

(PPI) 『시학을 위하여 I』*Pour la poétique I* , Gallimard, 1970.

(PPII) 『시학을 위하여 II, 글쓰기의 인식론, 번역의 시학』*Pour la poétique II, Epistémologie de l'écriture, Poétique de la traduction,* Gallimard, 1973.

(PPII) 『시학을 위하여 III』*Pour la poétique III. Une parole écriture,* Gallimard, 1973.

(SP) 『기호와 시』*Le Signe et le poème,* Gallimard, 1975.

(PPIV. 1) (PPIV. 2) 『위고를 쓰기. 시학을 위하여 IV』*Ecrire Hugo. Pour la poétique IV,* Gallimard, deux volumes, 1977.

(PPV) 『대답 없는 시, 시학을 위하여 V』*Poésie sans réponse, Pour la poétique V,* Gallimard, 1978.

(CR) 『리듬 비평. 언어활동의 역사적 인류학』*Critique du rythme. Anthropologie historique du langage*, Lagrasse, Verdier, 1982(1990 재판).

(NV) 「목소리 속의 본성」La nature dans la voix, préface à Charles Nodier, 『의성어 사전』*Dictionnaire des onomatopées*, Mauzevin, Trans-Europ-Repress, 1984, 13-104쪽.

(EP) 『시학의 현황들』*Les états de la poétique*, Presses universitaires de France, 1985.

(CTC) 『비판이론의 비평. 언어활동과 역사』*Critique de la théorie critique. Langage et histoire*, séminaire de poétique sous la direction d'Henri Meschonnic, Presses universitaires de Vincennes, 1985.

(MAS) 『침묵 너머의 말라르메』*Mallarmé au-délà du silence*, préface à Mallarmé, *Ecrits sur le livre*(choix de texte), Editions de l'Eclat, 1985, p. 11-62.

(RV) 『각운과 삶』*La rime et la vie*, Lagrasse, Verdier, 1990.

(LH) 『하이데거의 언어활동』*Le langage Heidegger*, Presses universitaires de France, 1990.

(MM) 『단어들과 세계들, 문법용어 백과사전』*Des mots et des mondes, Dictionnaires encyclopédies grammaires nomenclatures*, Hatier, 1991.

(PRPS) 『리듬의 정치. 주체의 정치』*Politique du rythme. Politique du sujet*, Verdier, 1995.

(SB) 「유일하게 벤브니스트처럼 : 어떻게 문체는 비평을 결여하는가」*Seul comme Benveniste ou Comment la critique manque de style*, Langages n° 118, 〈Les enjeux de la stylistique〉, 31-56쪽.

맥락

언어학에서 디스쿠르의 시학으로

러시아 형식주의와 신비평, 구조주의가 발견됨에 따라 극심하게 문학연구가 변형되던 1960년대와 1970년대 사이, 프랑스에서 착수된 앙리 메쇼닉의 작품활동은 명백히 이 시기의 가장 특이한 활동들 중 하나에 해당될 것이다. 메쇼닉의 작품들은 디스쿠르들(discours)[1]의 주체성과 역사성에 관한 '염려'와 관심에 의해서 구

1 'discours'라는 용어를 원문을 그대로 사용하여 표기하는 까닭은 이 단어의 한국어 번역어로 통용되는(되어왔던) '담화'나 '담론'이 오해의 여지를 낳을 수 있다는 판단에서이다. '담화'는 종종 '연설'과 동의어로 인식되는 경향이 있으며, '담론'은 '주장'이나 '논거' 등과의 구분이 용이하지 않다. 프랑스어에서 디스쿠르는 '언어활동의 모든 대상'(tous les objets du langage)을 의미한다. 벤브니스트가 '문장'(phrase)을 디스쿠르의 단위라고 했듯이 디스쿠르는 조직된 말(parole oragnisée)의 조합을 의미하며, 이때 '조직되었다'는 표현 속에는 조직하는 힘 혹은 조직하는 원칙이 존재한다는 뜻이 담겨져 있다. 이처럼 문법의 체계를 뜻하는 랑그(langue)가 고정적이며 불변의 원칙을 기준으로 작동하는 개념이라고 한다면, 이와는 달리 디스쿠르는 한마디로 '조직된 파롤의 집합'이라고 할 수 있다. 여기서 문제는 물론 디스쿠르의 개념 속에 '조직되었다'는 의미가 담겨져 있다는 데 놓여 있다. 예컨대 디스쿠르가 조직된 무엇을 의미한다면, 이 개

조주의 시학과는 즉각적으로 구분되는 모습을 취한다. 더욱이 구조주의 시학을 주도했던 몇몇 대표자들이 문학적 특수성에 대한 자신들의 이론 정립과 연구를 오늘날에 이르러 다소간 포기했다는 사실(예를 들어, 토도로프[Todorov]는 윤리학과 인류학, 그리고 역사학으로, 크리스테바[Kristeva]는 정신분석학으로 연구의 방향을 전환한 바 있다)에 비추어 볼 때 메쇼닉은 여전히, 그리고 오로지 시학만을 자신의 모든 고찰의 출발점으로 삼는다.

Ⅰ. 시는 "기호의 유대민족" 이다

러시아에서 이민온 유대인 가족으로서 1932년 프랑스에서 출생한 앙리 메쇼닉은 파리 8대학의 언어학 교수이다.[2] 그러나 메쇼닉이 이론연구와 마찬가지로 교육에 있어서도 시학을 "문학 텍스트의 특수한 의미작용 방식들에 관한 연구"로 정의하고 있는 다양한 담론들을 연구한다는 측면에서 볼 때, 메쇼닉의 관심사는 언어학의 영역을 넘어선다고 할 수 있다. 시인이자 번역가, 이론가이자 『리듬 비평』의 저자인 메쇼닉은 여러 분야에 걸쳐 자신이 전개한

념은 일종의 '운동' (mouvement)과 같은, '조직하는 힘'을 전제해야만 한다. 이러한 디스쿠르를 조직하는 힘이 바로 디스쿠르를 움직이는 실질적인 '주체'(sujet)라고 할 수 있다. [역주]

2 2000년 은퇴하여 지금은 명예교수가 되었다. [역주]

다양한 활동이 서로 불가분의 관계를 맺고 있노라고 몇 차례 반복해서 강조한 바 있다 : "아리스토텔레스 이후의 모든 시학의 역사와의 대립 속에서 나의 작업은, 만약 나의 작업이 이론적인 노력에 해당된다고 한다면, 그것은 나의 이러한 작업이 실질적인 적용이나 실천(pratique)을 이론화하는 작업이기 때문이다"(*PPV*, 418쪽). 한편 문학이론과 실천의 윤리적 · 정치적 · 역사적 차원을 주장하는 메쇼닉의 이같은 전망은 자극적인 동시에 도발적인 메쇼닉 자신의 기획에 논리적 일관성을 부여한다. 사실상 매우 적은 수의 시학이 문학, 그것도 특히 시의 인류학적 기능을 이해하려 시도할 뿐이다.

그러나 비록 괄목할 만하고 혁신적임에도 불구하고 메쇼닉의 작품들은 몇몇 소수 연구가들에 의해서만 계승되어 왔다고 할 수 있다.[3] 심지어 메쇼닉의 작품들은 문학과 번역 전반에 관련된 다양한 작업들에 의해 평가받거나 심화되기보다는 오히려 빈번하게 침묵 속에서 그냥 지나쳐 온 감마저 있다. 이러한 데에는 분명 여러 가지 이유가 존재할 것이다. 침묵으로 일관하는 자들 중 몇몇은 기

3 메쇼닉의 시학이론에 대한 연구의 일환으로 1998년, 2000년, 2003년 각각 뉴욕, 프랑스 파리 8대학, 프랑스 스리지에서 연속적으로 개최된 국제학술대회는 메쇼닉 이론을 접하는 전반적인 분위기와 태도가 차츰 변해가고 있음을 시사한다. 특히 2003년 여름 한 달간 개최되었던 '스리지 국제학술대회' (Colloque inter-national de Cerisy)에는 다양한 국적의 학자들(주로 메쇼닉의 제자들과 동료들을 중심으로 구성된)이 참석하였으며, 메쇼닉의 이론적 제안들이 오늘날 국제적으로 널리 확산되고 있음을 알리는 중요한 징후일 것이다. 2006년 10월 고려대학교에서는 인문학 60주년을 맞이하여 개최된 "번역과 인문학"이란 주제의 개막 연설로 메쇼닉의 "번역이론은 모든 언어활동 이론을 통째로 바꾼다"라는 강연을 선택하였다. [역주]

존의 제도에 지나치게 집착한다. 이 책에서 이들의 견해는 분석하지 않기로 한다. 한편, 또 다른 몇몇은 자신들의 주장에 집착한다. 예를 들어, 메쇼닉의 시학이 자신들의 이론적 입장을 거스르며 훼방을 놓는다는 주장이 바로 그것이다.

메쇼닉의 시학은 우선 매우 방대한 영역에 두루 몰두하고 있으며, 또한 매우 상이한 대상들에 관심을 둔다. 메쇼닉의 시학은 개념들, 특히 매우 복잡하게 얽혀 있는 개념들이 상호 연관성을 지닌다는 가설에 토대를 둔 어떤 개념적 장치를 통해서 전개된다. 결국, 무엇보다도 메쇼닉의 시학은, 처음 그것을 읽을 때 긍정적인 입장보다는 부정적인 측면이 보다 많이 표출되는 것을 목격하게 되는 '비평'(critique)이라 할 수 있다.

시, 문학이론, 번역이론 이외에도 메쇼닉의 비평에서는 언어학 · 기호학 · 어휘론(『기호와 시』, 『단어들과 세계들, 문법용어 백과사전』) · 인류학(구술성[口述性 oralité]과 관련된 물음에 토대를 둔 인류학 : 『리듬 비평』, 『시학의 현황들』, 『각운과 삶』) · 철학(『하이데거의 언어활동』, 『비판이론의 비판』) · 예술사(『모데르니떼, 모데르니떼』), 역사 · 윤리 · 정치(『리듬의 정치. 주체의 정치』) 등의 영역이 서로 교차되고 중첩된다. 우리는 메쇼닉의 이러한 다양하고 복잡한 행보를 구분하게끔 도와주는 몇 가지 유용한 이정표를 세울 수 있을 것이다. 가브리엘라 베데티[4]는 이러한 이정표로 약 세 가지 지점을 주목한 바 있다.

4 가브리엘라 베데티(Garbriella Bedetti), 「앙리 메쇼닉 : 순수한 역사성으로서의 리듬」(*Henri Meschonnic, Rhythm As Pure Historicity*), New Literary History, 1992,

첫 번째 지점은 언어활동과 무의식, 그리고 이데올로기 사이의 관계 정립을 목적으로 한 '시학'(La Poétique) 개념의 재(再)설정(재정의) 작업이다(『시학을 위하여 Ⅰ』, 1970년). 이러한 시학 개념의 재설정 작업은 시의 실천(『헌사 잠언들』[*Dédicaces proverbes*] 등의 시집)과 번역 작업 (『오서(五書)』[*Les cinq rouleaux*]) 및 번역 이론작업(『시학을 위하여 Ⅱ 글쓰기의 인식론, 번역의 시학』)과 매우 밀접하게 연관되며, 엘뤼아르 · 보들레르 · 스피르(『시학을 위하여 Ⅲ』) · 위고(『시학을 위하여 Ⅳ』)에 관한 비평작업과 함께 이루어진다. 두 번째는 언어활동을 다루는 이론 전반을 재평가하는 단계(『기호와 시』, 1975년)이며, 세 번째는 바로 『리듬 비평』(1982년)의 단계이다.

한편, 시학과 언어활동 이론, 그리고 리듬에 대한 메쇼닉의 관심은 상호 간에 굳게 결속되어 있다. 이미 첫 저작인 『시학을 위하여 Ⅰ』에서 리듬을 한 장에 할애하여 다루고 있으며, 『리듬 비평』의 부제인 **언어활동의 역사적 인류학**은 이 작품에서 논의된 리듬이론들이 여러 작품들 중에서도, 특히 앞서 발표했던 『기호와 시』(1975년)에서 소개되었던 인식론적 고찰을 지속적으로 전개하는 데 소용된다는 사실을 암시한다.

사실상 메쇼닉의 연구를 자세히 들여다 보면 한 작품에서 다른 작품으로, 그리고 분석된 새로운 담론들에 맞추어 동일한 물음들과 동일한 개념들이 이러한 담론들을 규명하고자 범주를 확장하려는 또 다른 작품들과 접목되고 심화되기 위해서 매번 다시 취해

no. 23, p. 432–450.

진다는 사실을 발견하게 된다. 예를 들어, 현대성(modernité)에 대한 정의는 메쇼닉이 에밀 벤브니스트의 작업으로부터 착수되었으며, 이보다 앞선 작품들을 이끌었던 디스쿠르의 역사성과 주체성에 관한 고찰과 직접 맞닿아 있다. 『리듬 비평』·『시학의 현황들』·『각운과 삶』에서 명확하게 밝힌 바 있는, '구술(oral)－문어(érit)'의 전통적인 이분법을 '구술(oral)－구어(parlé)－문어(érit)'으로 삼분한 재편성 작업—구술성은 '구어' 뿐만 아니라 '문어' 에도 특징을 부여할 수 있다는 논리—은 메쇼닉 자신의 성서 번역작업에서 그 원천을 찾을 수 있다. 또한 리듬과 시적 주체(『리듬의 정치. 주체의 정치』)를 사유하게 도와주는 윤리학 · 정치학 · 시학 · 수사학 사이의 "상호 연관성"은 『시학을 위하여 Ⅰ』에서 논의된 언어활동 · 이데올로기 · 무의식 사이의 관계를 보다 신중하고도 풍부하게 만들려는 '재정식화 작업'처럼 나타난다.

비교적 간략하게 추려볼 때 주체와 역사성, 디스쿠르와 시학, 프로조디, 시니피앙스, 리듬과 구술성, 번역, 관계와 탈중심화 등등, 메쇼닉의 이론을 지탱하고 있는 근본 개념들은, 비록 확연히 드러나는 순환논리에 사로잡히지 않으려 독자들이 일정부분 노력을 기울여야 함에도 불구하고 메쇼닉 이론 전반에 있어서는 항상 상호적인 전제들을 바탕으로 성립된다. 메쇼닉 이론의 기반과 개념들이 지니고 있는 확실성은 기존의 다른 작업과는 완전히 다른 맥락 속에서 설정되어 있으며, 특히 기존의 모든 확신들을 뒤흔들어 버리는 비평의 충격 속으로 독자들을 빠져들게 한다. 이와 같은 메쇼닉의 이론세계는 이 세계로 진입하기 위해서 반드시 포착해야 할 하나의 구심점을 갖고 있으며, 또한 이 구심점에서 바로 메쇼닉의 나머지 이론들이 유래한다고 볼 수 있다.

이 구심점이란 정치적 · 윤리적 문제에 관해 시적인 대답—혹은 시학을 통해서 제기된 물음들에 토대를 둔 대답이라고도 할 수 있다—을 부여하려는 일련의 시도를 통해서 설정된다. 문학 텍스트, 보다 특별하게 시는 자신의 시니피앙스(signifiance)의 조직에 의해 "기호의 가장 취약한 고리"를 생성해낸다. 예컨대, 문학 텍스트와 시는 서양의 형이상학을 지배해 온 이원론적 개념화 과정 전반에 강력하게 저항하며, 또한 그렇게 함으로써 서양 형이상학의 '보편화시키려고 하며' '지배하려 드는' 시도들에 새로운 비판의 길을 제기하는 것이다. 메쇼닉의 시학은 타자들의 추방을 유도하는 존재(êre) · 본질(essence) · 동일성(identité)의 사상에다가 '경험적인 것'(l'empirique)과 '역사적인 것'(l'historique)을 즉각적으로 대립시키면서 성립된다. 이 '경험적인 것'과 '역사적인 것'은 지배하려는 한 축과 지배받는 한 축을 야기해 온 이원론적 대립에서 우리를 벗어나게 해주는 이타성(altéité)과 복수성(pluralité)에 관해 사유하는 행위를 가능하게 만들어 준다. 이러한 전망은 유대주의의 전망과도 일정부분 연관되어 있다고도 볼 수 있다. 예컨대, 메쇼닉은 유대주의의 특수성이 동일성이나 신앙고백에 놓여 있는 것이 아니라, "활동성"(activité)과 "역사적인 모험"에 놓여 있다고 제안한다. 그러나 정작 메쇼닉 이론의 관건은 유대주의적 특수성을 살펴보는 데 놓여 있는 것은 결코 아니다. 그것은 오히려 모든 종류의 특수성을 이해하는 데 도달할 수 있는 어떤 가능성을 인식하는 데 놓여 있다고 볼 수 있다. 그리고 이때 메쇼닉에 있어서 시의 글쓰기는 이러한 '개별화' (individuation)를 활성화하는 가장 전형적인 무엇이다.

따라서 이러한 특수성의 윤리는 최초로 "만들다, 만듦"(faire)이라는 의미를 지니고 있던 시, 그리고 아리스토텔레스나 혹은 보다 가깝게는 발레리가 착상하였으며, 나아가 글쓰기의 활동성을 언어활동 이론과의 관계 전반을 통해서 고찰하는 하나의 시학을 수단으로 해서 연구될 것이다. 메쇼닉에 있어서 결정적인 사유는 언어활동의 실천과 언어활동의 원동력, 그리고 언어활동의 조직 속에서 언어활동 자체를 다루는 작업(소쉬르, 벤브니스트, 러시아 형식주의자들), 혹은 이론의 비판적인 특성(프랑크푸르트학파)을 강조하는 데에 놓여 있다고 할 수 있다. 이와 같이 디스쿠르의 '행위' 자체에 부여된 중요성은 시학에서 문학적 특수성의 정의와 빈번하게 맞닥뜨리는 '본질'이라는 개념과 사회학적 효과, 이 양자 간의 택일의 문제를 훌쩍 넘어서게 해준다.

II. 소쉬르, 작동기능, 체계

솔직히 말해서 페르디낭 드 소쉬르(F. de Saussure)의 언어학 작업이 디스쿠르 이론을 구축한 것은 아니다. 더욱이 근본적인 시적 원리를 추출하는 데 이르고 있음이 분명한 소쉬르의 애너그램[5] 연구는 소쉬르 자신의 저서 『일반언어학 강의』(*Cours de linguistique gé-*

nérale)에서 제시된 이론적인 발견들과는 어쩌면 양립 불가능한 것처럼 보일지도 모른다. 다니엘 들라스가 다음과 같이 설명한 것처럼 "『일반언어학 강의』와 애너그램 연구라는 두 가지 이론적 방법론의 토대를 이루는 원칙들은 사실상 서로 모순된다고도 볼 수 있다. 예컨대, 애너그램의 존재 자체는 역설적으로 『일반언어학 강의』의 토대를 이루는 시니피앙의 선조성(線條性 linéarité)과 기호의 자의성(恣意性 arbitraire du signe)이라는 전제에 이의를 제기하게 된다는

5 애너그램(anagramme)은 한 단어를 구성하는 철자들을 가지고 그 위치를 변환시켜 또 다른 단어를 만들어낼 수 있는 가능성, 나아가 이러한 방식으로 디스쿠르의 조직을 파악하는 방법을 의미한다. 예를 들어 좁게는 signe(기호)→ singe(원숭이), dog(개)→god(신), rose(장미)→oser(감행하다) 등과 같은 단어 대 단어 사이의 조작에서 출발하여 넓게는 문장이나 디스쿠르의 범위로 이러한 작업이 확장될 수 있다. 애너그램 연구는 소쉬르가 홀로 고립되어 연구에 전념하던 말기에 관심을 갖고 진행했던 분야로서, 시를 기존의 단어와 의미 중심 혹은 테마 중심으로 연구하는 방법론(이것들이 고정되어 있다는 논리를 바탕으로)에서 '시니피앙' 중심으로, 즉 음소의 유사성을 통한 시니피앙과 시니피앙의 '자유로운' 결합에 주목하는 방식으로 디스쿠르의 조직에 관한 연구할 수 있는 가능성을 제시하였다는 의의를 지닌다. 때문에 정작 이분법(시니피앙과 시니피에, 랑그와 파롤, 공시태와 통시태, 통합체와 계열체 등등)의 이론적 출발점처럼 인식되어 왔던 『일반언어학 강의』보다는 오히려 1906에서 1910년 사이에 주로 행해진 것으로 추정되는 소쉬르의 말기 연구는 이러한 '이분법'을 벗어난 지점에서 "시니피앙의 시학"을 제시하였다고 할 수 있다. 이러한 소쉬르의 애너그램 연구가 지니는 새로운 가치와 가능성에 관해서는 장 스타로빈스키(J. Starobinski)의 『단어들 속의 단어들』(*Les mots sous les mots*, Gallimard, 1971)과 미셸 드기(M. Deguy)의 『소쉬르의 광기』(*La folie de Saussure*, in *Critique*, janvier, 1969)를 참조할 수 있으며, 한편, 이 두 학자들이 제기한 관점과 메쇼닉의 관점(메쇼닉의 소쉬르 이해 부분을 참조하면서)을 서로 비교해 볼 필요가 있다. [역주]

것"[6]이다.

한편 메쇼닉은 소쉬르의 연구에 존재하는 이러한 두 가지 측면에서 출발하여 디스쿠르 이론과 시학을 구축하는 데 필요한 요소들을 발견해낸다. 메쇼닉은 시니피앙－시니피에, 랑그－파롤, 공시태－통시태 등등, 이원론을 중심으로 설정된 구조주의자들의 소쉬르 독해와는 매우 상이한 독해를 소쉬르의 작품에서 제안한다. 이원론적 짝패의 구성에 토대를 둔 구조주의적인 이해와는 달리 메쇼닉은 소쉬르의 저작에서 오히려 네 가지 상호 의존적인 개념들을 추출해낸다. 특히 "언어활동의 역사성"에 관한 메쇼닉 자신의 개념 설정 역시 이 네 가지 개념에서부터 성립된다 :

> 언어활동의 역사성은 오로지 소쉬르에게서 시작되었을 뿐인 전략 속에서 **가치**(valeur) (의미 [sens]가 아니라), **체계**(système) (단어의 어원연구 속에 포괄된 분류목록[nomenclature]이 아니라), **작동기능**(fonctionnement) (기원 [origine]이 아니라), 기호의 **극단적인 자의성**(radicalement arbitraire) (본성 [nature]과 협약[convention] 사이의 대립이 아니라)의 우월성을 인정하는 관계에 놓이게 된다."
>
> (*CR*, 29쪽)

유일하게 시니피에만을 결정적인 의미작용으로 파악하기 위해 "의미"가 단어(시니피앙[기표])에서 사유(시니피에[기의])로 향

6 다니엘 들라스(D. Delas), 『로만 야콥슨』(*Roman Jakobson*), Paris, Bertrand-Lacoste, 1993, p. 13.

하거나 혹은 그 반대로 진행되곤 하는, 즉 일 대 일의 대응관계로 고립된 기호에서 출발하여 의미작용을 고찰하는 데 놓여 있다는 입장과는 완전히 반대되며, 또한 시니피에와 시니피앙에서 이질적인 두 가지 실체를 만들어내는 작업과는 정반대의 입장을 취하는 "가치"라는 개념은, "체계"의 한복판에서 상호관계를 바탕으로 얽혀 있는 언어요소들의 "차별적인" 이해에서 비롯된다. 소쉬르는 모든 가치들이 역설적인 하나의 원리에 따라 작동한다고 설명하였는데, 그 까닭은 모든 가치들이란 결국 "가치를 결정해야만 하는 요소들과 교환될 가능성이 있는 서로 다른 것들에 의해서, 혹은 가치가 원인을 제공하는 것과 비교될 수 있는 유사한 것들에 의해서"(『일반언어학 강의』, 159쪽) 생산될 뿐이기 때문이다.

예를 들자면, 5프랑짜리 동전의 가치는 다른 화폐와 맺고 있는 관계만큼이나 교환을 통해서 얻을 수 있는 무엇에 의해서도 결정될 수 있는 것이다(160쪽). 이와 마찬가지로 단어의 가치도 단지 단어가 의미하는 사유에만 귀속되는 것이 아니라, 단어 자신에 대립될 수 있는 또 다른 단어들에게도 속해 있는 것이다. 이처럼 소쉬르에 따르면 "프랑스어 *mouton*(양)은 영어 *sheep*(양)과 동일한 의미작용을 갖을 수 있지만 동일한 가치를 갖지는 못하는데"(160쪽), 그 까닭은 프랑스어에서는 포유동물과 음식을 나타내기 위해 동일한 단어가 사용되는 반면에, 영어에서는 후자를 *mutton*(양고기)이라 부르면서 별도로 구분하여 사용하기 때문이다. 이처럼 언어란 '미리 주어진 사유의 보편적인 집합'을 어떤 목록처럼 단순하게 늘려가지는 않는 것이다. 다시 말해서 언어는 하나의 체계를 형성하며,

또한 언어요소들 각각의 가치는 다른 언어요소들과의 상호관계에서 비롯될 뿐인 것이다. 잠시 후 우리는 어떻게 메쇼닉이 이러한 개념, 즉 가치의 **시학적** 이해 전반을 제안하는가를 목격하게 될 것이다.

메쇼닉이 행한 '목록을 체계 개념으로 대치하는 작업', 그것은 마찬가지로 '기원(origine)을 **작동기능** 개념으로 대치한다'는 것을 의미한다. 예컨대, 언어활동은 말이 취해지는 매 순간마다 늘 **형성 중**에 있다는 것이다. 언어활동은 근본적으로 역사적, 다시 말해서 오직 말하는 행위 속에서 언어활동 자체를 지속적으로 고안하는 행위를 제외하고는 소급할 만한 그 어떠한 '기원'도 지니고 있지 못한 것이다. 디스쿠르의 **작동기능** 연구는 기호의 자의성, 다시 말해서 랑그에서 시니피앙과 시니피에의 관계가 서로 '연관이 없음'(immotivé)이라는 가설을 전제한다. 그리고 이러한 전제에 이어서 세계와 사물과의 관계에 있어 언어활동의 자율적 위상이 전제된다. 일반적으로 자의성과 협약(흔히 서로 동의어처럼 여겨지는)을 본성적인 동기에 대립시키는 데 비해서, 메쇼닉은 협약-본성의 이원론을 극복하게 해주는 어떤 지점을 자의성에서 만들어낸다. 메쇼닉에 따르자면 자의성은 우연의 결실도 아니고, 화자들(협약 속에 놓여있을)이 부린 변덕의 결과도 아니다. 자의성이란 실상은 언어의 기원에 도달할 수 있는 그 어떤 방법도 존재하지 않는다는 사실, "어떠한 사회도 언어를 앞선 세대들로부터 계승된 하나의 생산물로밖에는 인식하지 않아 왔으며 결코 인식하지 않는다는 사실, 결코 언어를 있는 그대로 다루거나 연구하지 않았다는 사실"(『일반언어학 강의』, 105쪽)을 의미하는 것이다. 따라서 자의성은 모든 유관성(有關性 motivation)에도, 오로지 말의 "본성적" 토대라 일컬어지는 사유에 대립되는 것도 결코 아니다. 오히려 자의성은 "디스쿠르의 유관성"의 운동의 다름 아닐, 세계를 향한 언어활동의 운동을 인식하게 해준다. 우리가 "프로조디, 시니피앙스"를 다루면서 다시 검토하게 될 메쇼닉의 이러한 개념은 일정부분 소쉬르의 애너그램 작업에 빚을 지고 있다.

어떤 한 단어가 애너그램적 반복을 수행한다는 사실에 토대를 두고 사투르누스 시구(詩句)를 구성하는 비밀을 발견할 것이라 믿었던 소쉬르는 몇몇 시구에서 자신이 발견한 법칙이 오히려 시 전체에서도 통용된다는 사실을 재빠르게 알아챈다. 결국 소쉬르는 시를 모든 요소들이 연관을 맺고 있는 "전적으로 애너그램적인" 무엇처럼 간주하기에 이른다. 사실상 이렇게 되면 언어에서 음소들의 반복 때문에 언어가 형성되는 과정 자체는 잠재적으로 무한에까지 이를 수 있게 된다. 장 스타로빈스키가 다음과 같이 지적한 것처럼, 소쉬르가 고민한 문제 중 하나는 바로 자신의 방법론이 결국에는 순환적인 성격을 지닌다는 사실에서 발생한다 : "주제-단어(mot-thème)[7]의 음소들을 디스쿠르에서 추출하기 위해서 언어학자가 능숙한 실력을 발휘하면 할수록 '주제-단어'는 전개된 '디스쿠르'를 생산하게 된다."[8]

7 텍스트에서 빈번하게 출현하여 하나의 주제군(群)을 이루는 주요 단어를 의미함. [역주]

『노트』(*Cahiers*)의 저자 소쉬르가 랑그의 규범적 작동기능을 밝혀내려 했다는 점을 제외한다면 "랑그는 […] 동사나 명사의 어미변화의 회귀에 의해 모든 종류의 수사학적 의도와는 독립된 애너그램들을 만들어내는 것"[9]이다. 결국 소쉬르의 『노트』는 "요소들이 지니고 있는 시간 속의 질서를 벗어난"(스타로빈스키, 『단어들 속의 단어들』, 47쪽) 시니피앙에 의한 언어단위들의 결합성(associativité), 단어들의 의미와 선조성으로는 결코 축소될 수 없는 '의미하기의 한 방식'(un mode de signifier)과 '디스쿠르를 귀 기울여 듣는 행위'를 보여준 것이다.

III. 벤브니스트와 디스쿠르의 주체

만약 소쉬르의 몇 가지 발견이 화자에 의한 랑그의 실질적인 사용을 다루면서 디스쿠르의 언어학으로 도달하는 길을 제시했다고 한다면, 한편으로 디스쿠르의 언어학이 본격적으로 구축되기 시작한 것은 바로 벤브니스트에 이르러서라고 할 수 있다. 소쉬르

8 장 스타로빈스키(J. Starobinsky), 『단어들 속의 단어들』(*Les Mots sous les mots*, Paris, Gallimard, 1971, p. 63.

9 제라르 데송(G. Dessons), 『시학 입문(문학이론들의 접근 방법론)』(*Introduction à la Poétique* [*Approches des théories de la littérature*], Paris, Dunod, 1995, p. 210(조재룡 역, 동문선, 2005).

적인 의미에서의 "파롤", 즉 "랑그라는 사회적 협약을 이용하여 자신의 능력을 실현하는 개인의 행위"(『일반언어학 강의』, 419쪽의 63번 주)는 벤브니스트의 "디스쿠르" 개념에 보다 근접해 있다. 한편, 이 제네바 언어학자는 실현된 파롤의 행위에 대한 의미론적 작동기능을 이론화하지 않았을 뿐만 아니라, 실현된 파롤에서 주체(sujet) 개념을 포착할 근간도 만들어내지 않았다.

대다수의 구조주의자들이 심리학을 표출한다는 이유로 의미작용의 문제를 회피한 것과는 반대로 벤브니스트는 의미작용의 문제를 언어활동의 인류학적인 차원을 복원하기 위한 중대 관심사의 핵심으로 설정하였다 :

> 무엇보다도 우선 언어활동이 '의미한다'는 사실은 언어활동의 가장 중요한 특징이며, 이러한 특징은 언어활동이 인간사회에서 확보하고 있는 모든 기능들을 설명하고 규정한다. 그렇다면 이러한 기능은 과연 무엇인가? […] 한마디로 요약하자면, 나는 언어활동이 의사소통하는 데 소용되기 훨씬 이전에 **삶을 영위하는 데** 소용된다고 말할 것이다. 만약 우리가 언어활동 없이는 사회를 이룰 수 있는 가능성도 없으며 휴머니티를 만들어낼 가능성마저 없다고 주장한다면, 그것은 언어활동의 특성이 무엇보다도 우선 '의미하는 데' 놓여 있기 때문이다.
>
> (『일반언어학의 제 문제 II』, 217쪽)

「랑그의 기호학」(『일반언어학의 제 문제 II』, 43-66쪽)이라는 제목의 한 논문에서 벤브니스트는 언어활동의 "의미하는 이러한 속성"을 **시니피앙스**라 부른다. 이후 이 개념은 메쇼닉의 이론에서 핵심을 이루게 될 것이다. 벤브니스트는 우선 시니피앙스라는 단어를 언어활동의 기호, 화폐의 기호, 예술의 기호 등등, 모든 타입의 기호들의 체계에 적용한다. 그 다음, 두 가지 타입의 시니피앙스를 각각 구분해낸다. 벤브니스트가 분류한 첫 번째 시니피앙스는 랑그들의 시니피앙스, 즉 "의미하는 단위들에 놓인 체계들"(58쪽)의 시니피앙스이며, 두 번째는 예술체계의 시니피앙스이다. 이 후자는 상대 간의 협약을 이용하거나 미리 정의된 의미작용의 단위를 갖지 않기 때문에, 다시 말해서 벤브니스트의 표현에 따를 때 "수로 정해져 있지 않고 본질적으로 예측할 수 없기 때문에 결국 매 작품에 따라 매번 다시 고안해야만 하는"(59쪽) 시니피앙스이다. 즉 의미의 표현을 매번 새롭게 발견해야만 하는 시니피앙스인 것이다. 나아가 벤브니스트는 "의미하는 모든 체계들의 해석항"인 랑그에 **이중의 시니피앙스**를 배분한다 : "랑그의 특권은 기호들의 시니피앙스와 발화행위(énonciation)의 시니피앙스를 동시에 지닌다는 데에 놓여 있다"(65쪽). 벤브니스트는 전자를 **기호학**이라 부르고, 후자를 **의미론**이라 부른다. 기호학적 차원은 소쉬르적인 기호의 차원, 즉 의미를 갖춘 차원이며, "자기 자신에 갇혀 있고 자기 자신 속에 적재되어 있는 의미"(21쪽)를 전제한다. 한편 의미론의 차원은 연쇄나 상황, 혹은 상이한 기호들에 적응하는 과정에서 발생하는 "의미"이며, "전적으로 예측 불가능한 세계로의 열림"(21쪽을 참조할 것)을 전제한다.

시니피앙스의 이러한 두 가지 구분은 '디스쿠르 속에서 그리고 디스쿠르에 의한' 주체들의 개별화를 설정한 메쇼닉의 사유를 이해하는 데 결정적인 역할을 한다. 이와 같은 구분을 바탕으로 메쇼닉은 기호들의 상이한 체계들을 '동일한 무엇'으로 만드는 작업에 매진하였던 기호학자들에게 비판을 가한다 : "기호학은 언어활동을 다루는 학문을 넘어서며, 기호의 보편성을 전제하는 담론이다"(*SP*, 232쪽). 따라서 기호학에 있어서 모든 것은 언어활동이 음악, 회화 등과 마찬가지 방식으로 기능한다는 듯이 전개된다. 결국 기호학에서는 언어활동의 특수성이 제거되고 마는데, 그 까닭은 기호학에서는 모든 상징체계가 동일한 단위에 토대를 두고 있기 때문이며, 또한 모든 것이 코드변환의 대상으로 변할 뿐이기 때문이다.

시니피앙스는 자신의 "의미론적" 차원과 함께 디스쿠르의 주체와 구조주의자들에 의해서 제거되었던 파롤의 '상황'에 대한 인식을 전제하게 된다. 인칭의 범주뿐만 아니라 지시소(指示素)가 단지 상황에 따라 정해질 뿐인 또 다른 단위들에 대해서도 연구를 개진하면서 벤브니스트는 언어활동에서 "주체로 제기될 수 있는 화자의 능력"(『일반언어학의 제 문제 Ⅰ』, 259쪽)이라 정의된 주체성의 조건들을 창조해낸다 :

> 우리는 현상학적으로나 혹은 심리학적으로 제기하곤 하는 이러한 "주체성"이 오로지 언어활동의 근본적인 속성의 분출일 뿐이라고 전제한다. "에고"(ego)를 이루는 것은 바로 "에고를 말하는 자"인 것이다.
>
> (『일반언어학의 제 문제 Ⅰ』, 260쪽)

벤브니스트에 의해서 "비인칭"으로 명명된 3인칭 단수 "그"(il)는 디스쿠르의 전(前) 요소들 중 하나로 귀결되는 데 비해서 "나"

(je 주체)는 "발화된 곳에서 발생한 개인적인 디스쿠르의 행위에 일임되며, 디스쿠르의 화자를 지칭하게 된다"(261쪽). 이러한 주체성은 또한 사회성을 동시에 수반하게 되는데, 왜냐하면 한 명의 화자가 주체(나)로 제기되는 능력은 한 명의 대화자(너)의 존재를 요청할 수밖에 없기 때문이며, 이 한 명의 대화자는 자신의 차례를 맞아서 마찬가지로 한 명의 "화자(나)"가 될 것이 분명하기 때문이다. 주체성의 문제에서 출발하여 메쇼닉은 디스쿠르 · 주체 · 역사성을 서로 연관짓는데, 그 까닭은 발화행위의 주체성이 매번 파롤이 재개될 때마다 새로운 모습으로 바뀌기 때문이며, 따라서 주체성은 매번 "예측 불가능한" 원칙 속에 다시 놓이기 마련이기 때문이다.

주체 · 디스쿠르 · 시니피앙스 등등, 벤브니스트의 이론에서 고안된 개념들은 메쇼닉에 의해서 비단 인칭이나 지시소, 시제에서 뿐만 아니라 텍스트 전체에서 "주체의 의미"를 고려할 '하나의 시학' 처럼 포괄적으로 드러난다. 그 까닭은 비록 벤브니스트가 언어활동 이론 연구에서 문학이 차지하는 중요성을 인식했다고 하더라도 정작 문학연구를 개진하지는 않았기 때문이다.

한편, 벤브니스트는 시학에서 결정적인 역할을 수행할 「언어학적 표현 속에서 나타난 리듬의 개념」(*La notion de rythme dans son expression linguistique*)(『일반언어학의 제 문제 Ⅰ』, 327-335쪽)에 대한 논문을 집필한 바 있다. 이 논문에서 벤브니스트는 고대 그리스 시대의 리듬 개념에 대한 전반적인 역사를 재고하는 과정에서 반복(répétition) · 주기성(périodicité) · 척도(mesure)에 토대를 둔 "간격들과 동일한 회귀에 대한 고찰"로 이해되어 왔던 "리듬"에 관한 서양의 일반적인 수용이 리듬 개념의 역사 전반을 살펴보면 결코 유일한 정의만은 아니라고 지적한다. 벤브니스트는 리듬 개념이 우선 "고정되지 않을 뿐만 아니라 본질적인 필요성도 결여한 "배치" (disposition)나 "지형도"(configuration), 그리고 항상 그 주체가 변화하기 마련인 "배열"에서 기인한 어떤 결과(33쪽)를 지칭한다는 사실을 드러낸다. 메쇼닉은 리듬을 통해서 디스쿠르에서 벌어지는 의미의 주관적인 배치(배열 혹은 지형도)를 고찰하기 위해서 이러한 벤브니스트의 고찰을 자기 연구의 출발점으로 삼는다. 이러한 배치 개념은 "형식과 의미"라는 이분법을 차츰차츰 파괴해 나가는 과정에서 그간 수많은 이론가들이 리듬 개념과 일치시켜 왔던 '같음' (le même)의 형식적 반복이라는 개념을 훌쩍 뛰어넘는다.

IV. 러시아 형식주의와 문학적 특수성

리듬을 "주체의 체계"로 파악하는 메쇼닉의 사유는 또한 텍스트에 대한 '순진한' 접근을 거부하면서 문학적 특수성에 관한 합리적인 이론을 구축하고자 시도하였던 최초의 연구가들인 러시아 형식주의자들의 작업에도 일정부분 빚지고 있다고 볼 수 있다.

러시아 형식주의자들의 대부분은 언어학을 시학연구에 도입하였다는 공통점을 지니고 있었다. 그들은 텍스트의 고유한 "재료", 즉 언어에 전적으로 의존해서 텍스트에 접근하면서 "문학성"

조명

러시아 형식주의자
(les formalistes russes)

1915년경 러시아에서 탄생한 형식주의 운동으로서, 문학이론가들과 동시에 언어학자들로 구성되었다. 러시아 형식주의자들은 동일한 작업을 개진하지도 않았고 더구나 합일된 하나의 독트린을 만들어내지도 않았다. 러시아 형식주의자들은 우선 두 개의 핵심 축을 중심으로 작업을 전개하였다. 여러 연구가들 중에서 표트르 보가트이료프(Petr Bogatyrev), 로만 야콥슨, 그리고리 비노쿠르(Grigorij Vinokur) 등이 중심 멤버로 활약했으며 1915년 창립되었던 모스크바 언어학파가 첫 번째이며, 레프 야쿠빈스키(Lev Jakubinskij), 빅토르 슈클로프스키(Viktor Shklovskij), 보리스 에이헨바움(Boris Eichenbaum), 보리스 토마쉐프스키(Boris Tomashevski), 유리 트이냐노프(Jurij Tynjanov)가 재집결하여 1916년 패트로그라드에서 창설된 바 있는 "오포야크"(시적 언어활동 연구를 위한 모임)가 두 번째 핵심 축이었다. 1924년 스탈린의 승리는 형식주의자 그룹이 개진하던 연구가 중단하게 된 근본적인 원인이 되었는데, 이는 스탈린 체제 하에 예술의 자율성을 주장하는 모든 이론이 금지되었기 때문이다. 러시아 형식주의자들 중 야콥슨은 1920년 체코슬로바키아로 이동하여 그곳에서 1926년 프라하학파를 세운다. 러시아 형식주의자들이 개진한 이론작업들은 메쇼닉이 단호하게 결별을 선언한 연구가들, 즉 오늘날 우리가 "구조주의자들" 이라 부르는 연구가들에 의해 서양에 상당부분 소개된 바 있다.

(야콥슨이 사용한 단어 "litteraturnost")을 이해하려는 작업을 모색한 바 있다. 이처럼 러시아 형식주의자들은 음성적 시니피앙 · 정형시구 · 리듬, 그리고 "형식"이라는 단어에 우리가 상투적으로 상정하고 있던 모든 것뿐만 아니라 전 세대와 비교해 볼 때 전적으로 새로운 관점에도 관심을 갖고 있었다. 러시아 형식주의자들은 사실상 지금까

지 시니피앙에서 장식적인(裝飾的 ornementale) 정의(조형적인[plastique] 속성들이나 헤도니스트적인 기준[10]에 따라 묘사된 하모니[harmonie 조화]나 유포니[euphonie 부조화])나 혹은 여전히 행해지고 있는 상징적인 정의(시니피앙을 직접 의미에 맞추어 해석하는)를 생산해 왔던 '형식과 의미 사이의 대립'을 전적으로 거부하였다. 양자 간의 대립이 아니라 오히려 러시아 형식주의자들은 의미작용 전반의 '경제성' 원리를 토대로 음소 · 리듬 · 시구 등등의 작동기능 전반에 관한 연구를 진행하였다고 평가할 수 있다.

러시아 형식주의자들은 언어재료들에 대한 '문학적 조치'를 통해서 언어재료를 있는 그대로 지각할 수 있게끔 만드는 어떤 힘과 인지의 자율성을 해체하려는 목표를 갖고 있었다. 이러한 까닭에 그들의 이론은 미래주의 작가들의 작업을 통해서 매우 강력하게 표출된다. 블라디미르 마이야코프스키나 보리스 파스테르냐크 같은 작가들은 러시아 형식주의자들과 공동작업을 진행한 바 있다. '형식'에 대한 미래주의자들의 작업은 상징주의에서 두드러지게 목격되는 이미지의 지배에 대항하는 모습을 지닌다. 탈자동화(낯설게 하기)를 중시하는 그들의 태도는 불투명하고 난해하며, 특히 자율적인 예술을 중시하는 태도를 유도하는 등 상당부분 역효과를 지니게 된다. "자동사적" 문학의 낭만주의적 이상 추구에 보다 근접

10 대상의 미적 특성과 감성적 만족도, 대상을 대하는 취향에 주목하는 태도를 일컫는 프랑스어 hédoniste를 쾌락주의, 즐거움 추구, 희락주의로 번역할 수 있을 것이다. [역주]

해 있던 러시아 형식주의자들은 오히려 이러한 자율 중시적인 개념 설정과 그 태도 때문에 역으로 비판을 받게 된다. 하지만 이러한 비판은 다양한 러시아 형식주의의 작업을 야콥슨, 특히 시의 '자기목적적인'(autotélique) 야콥슨의 관점으로 축소하려는 시도에 그 토대를 두고 있다. 사실상 세르지오 카펠로가 다음과 같이 지적한 것처럼, 러시아 형식주의자들에 있어서 '지각가능성'(perceptibilité)은 궁극적인 목적이었던 것이 아니라 문제를 제기하기 위한 단순한 출발점에 불과했던 것이다 :

> 형식주의자들의 작업은 문학적이고 시적인 디스쿠르의 조직을 묘사하는 데에서 출발하였다. […] 그들은 디스쿠르의 조직을 지각이 가능한 원칙적 동기로 여겼고, 이를 포착하려고 시도하였던 것이다. […] 형식주의자들의 본질은 음성적(혹은 리듬적 · 주제적 등등) 조직의 지각가능성에 놓여 있는 것이 아니라 하나의 자율적인, 다시 말해서 특수하고 비동기화된(상징주의적 의미중심주의나 헤도니스트적인 가치를 선호함에 따라서) 조직(음성적 등등)의 존재에 놓여 있는 것이다.[11]

메쇼닉은 러시아 형식주의자들이 제기했던 '지각가능성' 개념을 바탕으로 자신의 시학연구를 개진하지는 않는다. 하지만 메

11 세르지오 카펠라(S. Capella), 『소리의 망과 의미. 시에서 음성적-의미적 상호작용』(*Le réseau phonique et le sens. Le réseau phono-sémantique en poésie*), Bologne, CLUEB, 1990, p. 25.

쇼닉의 작업은 랑그의 체계적 전망을 제안하였던 소쉬르와 마찬가지로 디스쿠르의 "체계적" 개념 설정을 바탕으로 작업을 전개했던 몇몇 형식주의자들에 다소간 근접해 있다고 볼 수 있다. 텍스트의 구성요인들 간의 역동적인 상호관계와 통합에 맞추어서 텍스트를 연구하는 이러한 접근방식은 오지프 브리크, 보리스 에이헨바움, 그리고 특히 유리 트이냐노프[12]의 작업(그 중 특히 『시구 그 자체. 시구의 문제들』[13]이라는 제목으로 프랑스어로 번역된 바 있는 『*Problema stikhotvornovo iazyka*』)에 의해서 집중적으로 제시된 바 있다. 이같은 시학 연구가들은 메쇼닉이 방법론의 중요한 동인으로 여기며 어떤 착상을 얻은 바 있는 일련의 텍스트 분석절차를 제안한 사람들이었다. 일정부분 메쇼닉의 '역사성' 개념 역시 형식이 그 자체로 충만한 개념도, 더욱이 직접 해석할 수 있는 개념 또한 아니라고 주장한 트이냐노프에게 빚진 것인데, 왜냐하면 형식의 가치란 결국 작품의 체계에 의해서, 그리고 작품이 다른 텍스트들과 문화적 · 사회적인 또 다른 "계열들"의 체계와의 관계를 유지하는 역사적 관계에 따라서 변화하기 때문이다.

12 프랑스에서 번역되어 관심을 끌었던 연구가였던 만큼 '티니아노프'로 발음하는 것이 프랑스의 실정이지만 여기서는 러시아 원어를 살려서 표기하기로 한다. [역주]

13 『시구 그 자체. 시구의 문제들』(*Le vers lui-même. Les problémes du vers*), Paris, Union générale d'édition, 1977, 《10/18》.

V. 프랑크푸르트학파의 비판이론

메쇼닉에게 러시아 형식주의자들은 문학과 관련된 일반적인 이론작업이 구체적인 작품들에 대한 비판적 연구와 늘 연관되어 있어야 한다는 일종의 염려를 계승해 주었다. 하지만 메쇼닉에게 있어서 "이론"과 "비판" 사이의 관계 설정은 일반적인 고찰과 개별적인 묘사 사이의 단순한 왕복을 벗어난 지점에서 비로소 모습을 드러낸다. 예컨대, 메쇼닉에 의하면 이 두 용어 사이에는 오히려 '필연적인 관계'가 존재하는 것이다. 다시 말해서 메쇼닉에게 이론활동이란 그 자체로 "비판적인" 무엇이다. 즉 이론활동은 단순하고 추상적인 모델을 구축하는 데 놓여 있는 것이 아니라 심지어는 메쇼닉 자신의 고유한 방법론과 인식론 전반에 관한 비판, 나아가 사회에 대한 비판까지를 모두 망라하는 작업인 것이다.

이러한 관점에서 볼 때 메쇼닉은 막스 호르크하이머(Max Horkheimer 1885-1973년), 테오도르 비센그룬드 아도르노(Theodor Wiesengrund Adorno 1903-1969년), 하버트 마르쿠제(Herbert Marcuse 1898-1979년), 발터 벤야민(Walter Benjamin 1892-1940년)이 대표 멤버를 구성했던 프랑크푸르트학파의 "비판이론"(*Kritische Theorie*)을 계승하고 있는 셈이다. 1923년 노동자 운동에 관심을 보인 일군의 지식인들은 프랑크푸르트 사회를 연구하기 위해서 기관을 하나 창립한다. 1931년 호르크하이머가 이 학파를 이끌었을 때 지배적인 영향력을 발휘한 것은 바로 사회철학이었다. 이 그룹의(하나가 아닌)의 멤버들은 특히 칸트적 비판주의를 변증법적 합리론과 역사적 유물론에 통합시키면서 이를 보다 활성화하기를 원했다.

『전통이론과 비판이론』(*Théorie traditionnelle et théorie critique*)(호르크하이머, 1937. 갈리마르 출판사에서 1974년 프랑스어로 번역되어 출간되었다)은 이러한 프랑크푸르트학파의 "비판이론"을 선언하는 역할을 맡는다. 이 글에서 나타난 비판이론은 "전통적"이라 일컬어 온 이론 속에 존재하는 형식들에 반발하는 일련의 과정을 통해 정의된다.

"비판이론"에 따르면 "전통이론"은 가설적 · 환원적 이상주의에 의거해 자신의 법칙에 일관성을 부여하려는 태도, 즉 비모순의 원칙,[14] 특히 실험을 통한 검증작업에 근거한 지식들을 보다 강화하려는 의지를 바탕으로 가동되어 왔다. 간략하게 말해서 호르크하이머는 전통이론이 사회조직의 비호 아래 놓여 있다는 점, 스스로를 '상부'라고 굳게 믿어왔던 사실, 더욱이 "사회 전반에서 과학의 실질적인 기능"(26쪽)을 부각시키지 않았다는 점을 꼬집어서 다음과 같은 비판을 감행한다: "전통이론에서는 이론 개념이 절대적인 무엇이나 지식의 고유한 본질처럼, 즉 역사를 벗어난 어떤 다른 방식의 고유한 본질에 토대를 두고 있는 것처럼 제시되어 있기 때문에 이론 개념은 물화(物化)된 이데올로기적 카테고리로 변질되

14 비모순(non-contradiction) : 칸트의 정합론을 바탕으로 하여 모순을 전제하지 않는 과학적 합리주의를 통해서 성립되어 온 전통이론. [역주]

게 된다”(22쪽). 더욱이 호르크하이머에 의하면 전통이론을 주장한 학자들은 이러한 “과학작업의 긍정적인 결과들이 확립된 질서를 자동적으로 보존하고 항구적으로 이러한 질서를 재생산하는 요인”(25쪽)이 될 지경에 이를 때까지 정작 자신들이 “작업의 분할”을 통해서 반복적으로 차용되어 왔다는 사실을 주시하지 못한다. “전통이론”은, 메쇼닉이 자주 인용하는 형식을 빌려 표현하자면, “단지 있는 그대로의 사회의 존재성에 기여할 뿐인 하나의 활동”에 불과한 것이다.

한편, 호르크하이머에 의하면, 이같은 전통이론과는 달리 “이성에 적합한 질서를 확립하려는 염려에 의해 영감을 받고 또한 이러한 염려에 의해 구축된 사회 비판이론”(28쪽)은 인간에게 스스로를 인식할 것을 허용한다. 이러한 지적은 새로운 과학의 법칙과 관련된 권력을 권력의 사회적 맥락에다가 연관지어야 하며, 생산과 생산하는 힘 사이의 관계를 분석해야 한다는 점, 나아가 변증법적 논리를 적용시켜야 한다는 것을 의미한다. “주체 · 이론 · 지식의 대상 사이에, 불변하는 본질에 의해서 맺어진 관계를 가설로 제기한”(43쪽) 데카르트적 이성과는 반대로, 변증법적 논리는 우리에게 우리의 의미를 통지하는 소여(所與)들, “지각된 대상의 역사적 특징”과 “지각하는 신체기관의 역사적 특징, 그리고 소여들의 “이중적 선행결정”(29쪽)을 믿는다. 예컨대, 주체를 사회 속에다가 포괄시키는 작업, 즉 주체와 사회, 주체와 대상을 서로 이원화하는 것이 아니라 변증법적으로 통합하는 것이 비판이론의 관건인 것이다.

프랑크푸르트학파가 겨냥한 변증법은 헤겔의 변증법에서

전적으로 멀어진다. 우리는 계몽의 변증법(아도르노와 호르크하이머의 『계몽의 변증법』[*Dialectique de l'Aufklärung*], 1944)과 보다 극단적으로는 부정의 변증법(아도르노, 『부정의 변증법』[*Dialectique négétive*], 1966)에서 헤겔 이론에 대한 비판을 발견하게 될 것이다. 이 작품들에서 헤겔의 이론은 모순을 극복하기에 적합한 "지양"(Aufhebung)을 전제하기 때문에 동일성의 철학과 공모한 철학으로 여겨진다. 이 헤겔적 '지양'은 개별적인 것과 보편적인 것, 주체와 대상을 서로 화해시키려 하며, 더욱이 지배의 논리를 지지하면서 설정되기 때문에 '동일하지 않은 것'을 보존하게끔 허용하지 않는 것이다. 따라서 비판이론에서 변증법이 항상 이러한 '동일하지 않은 것'을 의식하는 행위에 주목하고 있음은 명백해 보인다. 『전통이론과 비판이론』에서 이미 호르크하이머는 "모순이란 모든 비판적 사유의 개념들이 지니는 특성이다"(39쪽)라고 기술한 바 있다. 프랑크푸르트학파와 마찬가지로 이원론에 맞서 투쟁하는 과정에서 메쇼닉은 헤겔 철학에 놓여진 "최상의 화해자적 입장"에 강력하게 이의를 제기하며 오히려 "부과된 모순"에 관해서 구체적으로 사유할 필요성을 주장한다. 이같은 메쇼닉의 관점은 메쇼닉 자신의 작업이 지닌 "부정적인" 차원을 일부분 설명해 줄 것이다.

『비판이론의 비판. 언어활동과 역사』(*Critique de la théorie critique. Le langage et histoire*)라는 제목의 작품을 기획하고 주도했던 메쇼닉은, 그럼에도 불구하고 프랑크푸르트학파의 작업들과는 일정부분 거리를 유지한다. 메쇼닉은 특히 호르크하이머에게 언어활동과 의미에 관한 이론이 갖추어져 있지는 않았다는 사실(『비판이론의 비판. 언어활동과 역사』에서 「호르크하이머의 자화상」, 94쪽을 참조할 것)과 호르크하이머의 작업이 "의미에서 이성으로 이르는 투명성"(94쪽)을 전제하는 전통이론에 머물고 있다는 사실을 또 다시 비판한다 : "언어활동의 부재에 대한 이론적 효과가 호르크하이머에게 있어서는 '조롱하는 시의 위상'에 의해 오류처럼 등장하며, 이는 호르크하이머의 다음과 같은 지적에서 목격된다 : '유토피아는 오로지 순수시의 무능력한 열망의 표현으로 여겨질 뿐이다'(호르크하이머, 『부르주아 역사철학의 시작』[*Les débuts de la philosophie bourgeoise de l'histoire*], Payot, 1974, 107쪽)"(95쪽). 이처럼 시를 공상이나 열등성과 연관지으면서 호르크하이머는 시에서 어떤 보상의 도피처를 만들어내며, 결국 시에서 모든 비판적 차원을 제거하기에 이른다. 이에 비해서 "물화되지" 않으면 않을수록 이데올로기 속에 빠져들지 않는 예술작품이 필연적으로 지배에 대항하는 논쟁적 기능을 갖추고 있다고 생각한 아도르노는 시의 비판적 차원을 인식한 학자였다고 할 수 있다. 한편, 프랑크푸르트학파 그룹에서 가장 주변부에 머물고 있었던 벤야민은 어쩌면 가장 "시학에 근접한" 작가일 것인데, 이는 벤야민이 "비판이론과 읽기, 그리고 역사에 관한 이론을 모두 고려했기"(90쪽) 때문이다.

메쇼닉은 이론적 시도를 통해서 "프랑크푸르트학파의 비판이론에 대한 비판"을 만들어낸다. 예컨대, 프랑크푸르트학파의 비판이론처럼 "이성의 추상적 · 보편적 이점"에 토대를 두는 대신 시학이 "언어활동 이론"과 "리듬 · 주체이론"에서 출발해야 한다고 생각하는 것이다. 따라서 메쇼닉의 시학은 "사회계층의 혁명"보다는 오히려 "개별화 과정의 변증법"(「비판이론의 비판」, 『비판이론의 비판. 언어활동과 역사』, 20쪽)을 목표로 삼는다고 할 수 있다.

핵심어

리듬의 시학의 주요 개념들

디스쿠르와 시학

> 여기서 실질적으로 적용된 시학이란 [⋯] 현대 언어학과 시학의 역사를 동시에 비판하는 하나의 관계이다.
>
> (*EP*, 13쪽)

메쇼닉은 야콥슨에게서 취해왔던 개념인 '시적 단어'(mot poétique)의 의미를 변형시킨다. 이러한 변형은 메쇼닉 자신의 학문적 목표를 보다 확장시키는 결과를 야기한다. "언어학적 방법론에 무지하며 언어학적 문제들에 무관심한 문학 전문가와 마찬가지로 시적 기능을 귀 기울여 듣지 않는 언어학자는 이제부터는 의심할 여지없이 시대착오적인 사람들"[15]이라 주장했던 야콥슨은 끊임없이 시학을 언어학 속에 포함시키기를 원했었다. 메쇼닉은 형식과 의미의 이분법에 빠져들지 않는 동시에 디스쿠르를 '내용' 자체로 축소

15 로만 야콥슨(R. Jakobson), 『일반언어학 에세이』(*Essais de linguistique générale*), Paris, Minuit, 1966, p. 248.

시키지 않기 위해서 언어의 재료를 고찰할 필요성을 존속시킨다. 오히려 메쇼닉은 더 이상 시학을 언어의 '과학들'에는 종속시키지 않으며, 심지어 이와는 반대로 시학이 언어과학과 마주하여 비판적인 역할마저 수행할 수 있다고 전제한다.

이러한 전제는 주체와 사회 사이에 확립된 관계에서 시를 몇몇 언어적 작동기능들을 폭로하는 무엇처럼 간주하는 '시의 위상'과 밀접히 연관되어 있다. 시학은 따라서 구조주의가 인식한 것처럼 형식이나 장르에 대한 '추상적인 문법'이라기보다는 오히려 개별 텍스트들의 의미작용의 방식들을 특히 리듬에 관련된 물음들을 통하여 드러내는 것을 목표로 삼을 것이다. 한편, 그렇다고 해서 시학이 한정적인 연구에만 집착한다는 것을 의미하는 것은 결코 아니다. 왜냐하면 '경험적인 무엇' (l'empirique), 그리고 역사와 밀접히 연관된 시학은 본성의 과학을 주장하는 여타의 인식론들과 구별되는 나름의 고유한 인식론적 체계를 발견할 것이기 때문이다. 이러한 인식론 연구는 메쇼닉으로 하여금 시학으로부터 문학작품의 특수성에 관한 연구뿐만 아니라 이러한 특수성 덕분에 인식론적인 비판의 한 방편, 즉 "언어활동의 역사적 인류학"을 창조해내게끔 인도할 것이다.

Ⅰ. 시학과 시

메쇼닉이 제안하는 분석방법과 언어활동 이론에서 시학에 일임된 일반적인 역할을 이해하기 위한 가장 근본적인 사항은 문학텍스트에 대한 메쇼닉 자신의 관점, 특히 시, 아니 오히려 시학에 관한 관점을 논의하는 것이다. 왜냐하면 "시학은 러시아 형식주의자들 이후 장르에 국한된 '시'를 넘어서 '시적인 무엇'(le poétique)에 대한 이해로까지 넓혀졌으며, 더욱이 특수성에 의해서 취해진 문학적인 모든 것들"(*CR*, 36쪽)을 의미한다고 메쇼닉이 언급하고 있기 때문이다.

"횡단하는 시학은 '시적인 무엇'을 기호이론의 가장 취약한 지점으로 삼는다. 시학은 이처럼 이론적 · 정치적으로 폭로하는 (노출시키는) 원동력을 구축한다"(*EP*, 42쪽). 결국 시(혹은 시적인 무엇)는 기호학의 "가장 취약한 고리"(역사성을 참조할 것)인 셈인데, 그 까닭은, 예를 들어 '이야기'(histoire) 전반을 '특정한 이야기'(敍事 récit)로 환원하는 것과 마찬가지로[16] 시니피앙을 하나의 기호로 환

16 histoire와 récit는 모두 '이야기'라는 의미를 담고 있다. 하지만 전자는 전체적인 의미에서의 '이야기'임에 반해 후자는 일정한 구조를 갖추고 있는 이야기, 즉 '특정한' 타입의 이야기로 파악할 수 있다. 따라서 이 경우 histoire는 récit의 상위 구조, 혹은 바꾸어 말해보면 récit는 histoire의 한 유형에 속한다고 할 수 있다. 토도로프나 그레마스를 위시로 한 1960년대 구조주의자들은 récit의 문법

원하거나 하나의 "내용"을 대표하는 무엇으로 환원하려고 시니피앙 그 자체를 은근 슬쩍 감출 수는 없기 때문이다. 메쇼닉은 모든 것, 다시 말해서 기호뿐만 아니라 다른 형태의 디스쿠르들 역시 '의미한다'는 사실을 고려해야 한다고 강력하게 주장한다.

『시학을 위하여 Ⅰ』에서 메쇼닉은 "문학성"을 다음과 같이 정의한 바 있다 : "텍스트로서의 작품의 특수성, 다시 말해서 텍스트를 방향이 제시된 문학공간처럼 정의하는 무엇, 즉 어떤 체계의 법칙들에 의해 결정된 언어요소들의 배치 […]"(*PP1*, 174쪽). 메쇼닉의 이후 작품들에서 "문학성"이라는 용어를 거의 발견할 수 없는 것과 대조적으로, 작품을 "가치들"을 조직하는 "체계"로 이해하는 태도는 메쇼닉의 작품 전반에 걸쳐 가장 핵심적인 전제로 설정되어 있다. "가치"나 "체계"처럼 랑그 단위의 상관적이고 차별적인 작동기능을 지칭하는 소쉬르의 용어들은 메쇼닉에게 있어서는 시학의 개념들로 변하게 된다 :

> 가치 […]. 가치는 문학성의 수준에서 비로소 최상 등급에 이르게 된다. 가치는 거기서 작품체계의 한 요소 역할을 수행하며, 한편 이 같은 사실은 작품이 차이들에 의해서 구축되는 정도에 따라서만 그런 것이다. 이러한 차이들은 음소, 단어들, […], 등장인물, 대상들, 장

을 정립하는 과정에서 récit의 몇 가지 유형을 창출해냈고, 이러한 récit의 유형이 histoire와 같은 개념으로 통용되어 온 것도 사실이다. 따라서 우리말 번역도 여러 가지 형태로 나타난다. 혹자는 histoire를 '이야기'로, récit를 '서사'(敍事)로 번역하기도 한다. 이에 우리는 전자를 주로 '이야기'로, 후자를 '특정한 이야기'나 문맥에 따라 '서사'라는 용어를 번갈아 사용하기로 한다. [역주]

> 소들, 장면들 등등에 영향을 미친다. 가치는 순수한 상태로 존재하는 것이 아니라 한 체계의 내부에서 유일하게 존재할 뿐이다.
>
> (*PPI*, 175–176쪽)

> 한 작품의 체계. 작품(개별 작품)은 작품의 내적 법칙에 의해 결정되는 고유한 변형에 따라 특성화된 총체성(totalité)과 같다.
>
> (*PPI*, 175쪽)

가치는 이처럼 시적이거나 소설적 등등의 특이한 세계에서 생산된 내적 차이들에 의해서 형성된다. 그리고 이러한 차이들은 이같은 세계에서 스스로 연관성을 확보하고 스스로 결정된 디스쿠르, 즉 하나의 "체계"를 만들어낸다. 따라서 체계는 단순한 반복에 토대를 둔 통계상의 구조와는 결코 혼동되지 않는다. 이와 같은 통계상의 구조와는 완전히 반대로 정작 체계는 "끊임없는 구조화 과정과도 같은 '독자-청자' 에게 드러나며", 역동적인 방식으로 변형되는 무엇이다. 체계는 소진될 수 없는 긴장과 모순 덕분에 읽기를 통해서 끊임없이 변화하는 무엇인 것이다. 예컨대, 만약 긴장과 모순이 해결된다면 그 텍스트는 시적이라기보다는 오히려 이데올로기적인 것이다(*PPII*, 40쪽을 참조할 것).

이러한 이론의 핵심적인 가설들 중 하나는 이러한 체계가 디스쿠르 속에서 '주체의 등재' 에 관여한다는 것이며, 또한 텍스트 전체가 '발화행위' 의 성질을 띠며 지시소의 역할을 한다는 것이다 :

> 시학에 있어서, 만약 디스쿠르가 역사 속에서 주체의 실천이라고

> 말한다면, 역사와 상황 속에서 여러 종류의 디스쿠르의 실천이 언어활동의 등재로 실현되는 것과 비교해 볼 때, 시는 언어활동 속에서 주체의 최대치의 등재(자신의 상황과 역사와 더불어서)로 여겨진다. 따라서 의미는 의미 중심으로 인식해야 하는 무엇이 아니라, 바로 디스쿠르 전체에 의해 일반화된 어떤 산물로 인식되어야 하는 것이다. (*EP*, 43쪽)

서로 대립되는 것은 아니겠지만, 여하튼 다른 종류의 디스쿠르들에 비해서 문학작품을 특징짓는 것은 바로 이러한 '주체의 등재 정도'인 것이다. 메쇼닉은 인식론과 윤리의 이중적인 차원에서 시와 일상 언어활동을 서로 대립시키는 것을 거부한다. 오히려 메쇼닉은 "다른 세계를 창안하는 것이 아니라" 바로 "우리가 세계와 더불어 맺고 있는 관계를 변형시키는"(*RV*, 108쪽) "힘", 이러한 시의 비평적인 힘을 믿는다. 만약 우리가 시와는 다른 언어활동의 실천으로부터 시를 고립시킨다면 우리는 결국 이러한 힘을 사유할 수 없게 되는데, 그 까닭은 시를 미화하거나 무기력하게 만들어 버리더라도 시는 결국 "의미하는 방식들이 끊임없이 생성되는 상태"이기 때문이며, 또한 "말하는 방식, 느끼는 방식, 자신과 타자를 서로 이해하게 만드는 방식에 대한 근본적인 역사성의 고안"(*PRPS*, 17쪽)이기 때문이다. 시에 관한 이러한 이해는 메쇼닉이 시학을 인식론적 비판의 장소로 이해하고 있다는 사실을 잘 설명해 준다. 예컨대, 시에 대한 이러한 이해는 메쇼닉이 시학을 '문학이 무엇인가를 정의하려는 시도'로 이해하는 것이 아니라, "말하는 방식들"을 통해서 문학이 만들어내는 것에 관한 연구처럼 이해한다는 사실을 의미한다(*PPV*, 422쪽을 참조할 것).

II. 이론과 실천 사이의 연속성

따라서 메쇼닉에게 있어서 "시학은 하나의 비평인데, 이는 시 자체가 이미 비평[비판]이기 때문"(*PRPS*, 17쪽)이다. 이러한 태도는 시와 시학, 실천과 이론 사이의 연속성을 전제로 성립한다. 이러한 양자 상호 간의 연대는 메쇼닉 자신이 전개한 다양한 작업들, 예컨대 시창작 · 번역 · 시학을 서로 연관짓는 관계에서도 표출된다. 이러한 관계를 직접적으로 분석하는 대신 우리는 메쇼닉의 모든 작품에서 목격되는, 예를 들어 사회에서 고립된 작가의 낭만적 전망이 지속되는 것은 결코 아니라는 '염려'를 우선적으로 살펴보기로 한다. 이러한 염려는 디스쿠르의 역사성(역사성 부분을 참조할 것)에 관한 핵심적인 개념을 통해서 표출되며, 한편, **미크라**(Mikra) 개념은 성서 번역의 실천을 보다 풍요롭게 만들기도 한다. 성서 텍스트를 큰 목소리로 낭독하는 행위를 지칭하는 '미크라' 개념은 "읽기에서 구술성과 공동체"를 하나로 결합시킨다. 마찬가지로 미크라 개념은 『헌사 잠언』(*Dédicaces proverbes*)처럼 공동체적 구술성을 회복하기 위해 "고정된" 디스쿠르 형태들을 변형시키려 시도했던 메쇼닉 자신의 시 집필(열린 가능성을 참조할 것)에서도 직접 드러난다.

"쉬운 시와 어려운 이론" 사이의 통상적인 대립을 환기하는 가운데 메쇼닉은 이러한 대립이 "이중적인 무지"(*RV*, 106쪽)를 드러낼 뿐만 아니라, 이러한 대립은 "시를 쓸 줄 모르면 시를 읽을 줄도 모른다"(107쪽)는 사실을 드러낸다고 말한다. 이와는 반대로 메쇼닉은 "실천의 속임수"(111쪽)에 빠져들지 않으려면 "시인은 철학 선생 주르당(Jourdan)의 언어활동 이론에 대한 입장[17]을 자기에게 결코 허용하지 않는 자"여야만 한다고 주장한다. 예컨대, 주르당식의 이분법적 인식은 운문과 산문 각각의 자명한 이분법을 되풀이하고 연습하는 방향으로 개진될 뿐인 것이다.

따라서 이 경우 시가 **해야 하는 것**(시가 행하고 있는 것뿐만 아니라)과 시학이 행해야 하는 것에 대한 제안들 사이에는 일종의 유사성이 동반되며, 이러한 양자 간의 유사성은 이 두 가지 활동 사이에 일종의 동질성이 존재하며, 더욱이 이 경우 문학만이 유일하게 이것에 관해서 사유할 수 있다고 믿게끔 유도할 것이다. 물론 메쇼닉의 입장이 설정된 지점이 반드시 여기는 아니다. 시의 고행만이 "시를 시 자신에 가장 가까운 곳으로, 다시 말해 **시가 무엇인가**라는 물음, 오로지 시만이 "다룰 수 있는" 무엇에 관한 물음으로 시 자신

17 몰리에르의 희곡에 등장하는 철학 선생인 주르당은 "운문이 아닌 모든 것은 산문이며, 산문이 아닌 모든 것은 운문이다"(Tout ce qui n'est point le vers est la prose, tout ce qui n'est point la prose est le vers)라는 대표적인 경구를 언급하는 인물이다. 주르당의 이러한 태도는 서양에서 시를 난해한 무엇, 혹은 산문과의 대립을 통해서만 파악하는 수사학적 전통을 확립하는 데 지대한 영향을 끼쳤으며, 한편 60년대 프랑스 구조주의와 신수사학(neo-rhétorique), 그리고 기호학에 이르기까지 오늘날까지도 이러한 이분법적 대립은 반복해서 유지되고 있으며 갖가지 통념들과 선입견, 강력한 이데올로기를 형성한다. [역주]

을 가장 가까이 인도한다"[18]는 미쉘 드기의 주장을 인용하면서 드기가 성급하게 거대한 근접성에 놓여 있다고 판단한 부분에 대해 메쇼닉은 다음과 같이 비판한다 : "[시는] 시 자신의 내부에서부터가 아니라 오로지 시 자신에서부터 다루어질 수 있을 뿐이다. 시와 시학 사이의 밀접한 관계가 시와 시학을 같은 것으로 혼동하는 순간, 나에게 이러한 동일성은 동일성에 대한 특수한 인식론이라기보다는 어떤 형이상학처럼 비추어질 뿐이다"(*PPV*, 174쪽). 메쇼닉에 따를 때, 드기의 경우, 결국 "언어활동으로 이루어진 작품들의 의미작용 방식에 반사적인 부수물"(*PRPS*, 15쪽)을 이론에서 만들었으며, 결과적으로 시와 이론 간에 유지할 어떤 거리를 존재하게 만들었다는 것이다.

이와는 달리 글쓰기의 두 가지 형식 사이의 관계는 오히려 "실천과 이론적 직관 사이에 긴장을 유지하는 시인들의 시학들"(*CR*, 33쪽)과 함께 지속되는 팽팽한 질서 속에서 발생한다. 디스쿠르의 시학이 "의미의 학문들" 가운데에서 자신의 독특한 입장을 유지하는 것은 바로 이와 같은 연속성에서 비롯된다. 왜냐하면 시는 의미하는 행위와 이해하는 행위, 그리고 그 방식들을 새롭게 갱신하는 '미지의 무엇' (l'inconnu)을 향한 모험이자 이미 구축된 앎이 아닌 새로운 앎을 향한 운동이기 때문이며, 더욱이 시학은 완수될 수 없는 무엇, 즉 시학 역시 시와 마찬가지로 운동이자 "사유의 열정"(*RV*, 109쪽)을 의미하기 때문이다. 메쇼닉의 시학이 "문학을 지탱하고 있는

---

18 미쉘 드기(M. Deguy), 『행위들』(*Actes*), 갈리마르, 1966, 44쪽.

연구들" 전반에 대한 비판이나 "보다 일반적인 인문과학과의 관계에서 언어학적 인식론 전반"(*EP*, 43쪽)에 대한 비판처럼 빈번하게 무엇인가를 "반대하면서" 전개된다고 한다면, 그 까닭은 메쇼닉에게 시학이란 "앎이 아니라 앎에 관한 문제제기와 연구"(18쪽)를 지향하는 학문이기 때문이다. 이처럼 메쇼닉의 시학은 다른 이론들, 즉 디스쿠르를 역사와 주체처럼 사유하는 데 장애가 되는 이론들뿐만 아니라, 디스쿠르들의 주체성과 역사성을 묘사하기 위해 제안된 방법론이나 여타 이론들에 대한 주도면밀한 검토에 상당한 시간과 공간을 할애한다. 메쇼닉의 시학은 끊임없이 이론뿐만 아니라 작품에 관해서도 "미지의 무엇", "완수될 수 없는 무엇", "완성될 수 없는 무엇", "불안정한 무엇"이라는 용어들을 사용하면서 시학을 어떤 틀 속에 고정시키려 하는 모든 것을 거부한다. 예컨대 시학을 "어떤 하나의 영역처럼 경계지우는 작업은 무언가를 가두고 고정시키기 위해서 시학을 제한한 전형적인 실증주의자의 행위"(*PPII*, 29쪽)인 것이다. 미지의 무엇을 향한 이러한 열림은 강력한 '힘'을 만들어내는 한편, 이와 동시에 사유 자체의 난해함 또한 만들어낸다. 결국 인식의 장애물들에 대항하면서 야기된, '부정하는 행위'는 미지의 무엇을 향해 전진할 수 있는 지표들을 구축하기 위해 발걸음을 내딛게 된다.

III. 언어활동의 역사적 인류학으로서의 시학

우리는 메쇼닉의 비평이 지닌 목적을 이해하면 할수록 메쇼닉 이론의 난점들을 보다 수월하게 지나게 될 것이다. 이러한 관점에서 우선 우리는 메쇼닉이 시와 마찬가지로 시학에서 주장하는 유토피아적인 부분을 상기해야만 할 것이다. 만약 메쇼닉이 특히 리듬 이론을 통해서 "언어활동의 역사적 인류학"을 의미하는 하나의 시학을 목표한다고 한다면, 그것은 바로 윤리적인 구상 속에서이다. 이론과 실천 사이의 연속성이라는 전제에 "언어활동, 역사 그리고 문학(문학, 그리고 문학만이 그것들을 제시하는) 사이의 상호 연관관계"(*EP*, 20쪽)라는 전제가 결부된다. 이러한 전제는 표면상으로는 서로 반대되는 것처럼 보이지만 실제로는 동전의 앞면과 뒷면처럼 서로 밀접히 붙어 있으며, 나아가 언어활동과 문학에 대한 그간의 일반적인 두 가지 전망에 반대되어 나타난다. 첫 번째 전망은 언어활동이 문학적 디스쿠르들의 "자율성"이나 자기 목적성을 전제한다고 보는 관점이다. 메쇼닉은 이러한 전망을 다음과 같이 비판한다 : "텍스트는 야콥슨에 있어서 시적 기능(fonction poétique)이 전제하는 것과 같이 자신의 고유한 목적을 자기 자신 속에서 더 이상 소유할 수 없다. 의미-형식(forme-sens)은 무한한 재-발화행위(ré-énonciation), "초-나르시시스적인 동일화"를 가능하게 만드는 구조-메시지이다"(코프만[S. Kofman], 『예술의 유년기』[*L'Enfance de l'art*],

179쪽)(*PPII*, 34쪽). 두 번째 전망은 문학적 디스쿠르들에서 단순한 사회적 생산물들을 만들어내는 관점이다. 이러한 두 가지 전망이 무언가를 변형시키는 디스쿠르의 전적인 힘을 부정하는 것이라면, 이와는 반대로 메쇼닉에게는 "위고(Hugo)의 가장 아름다운 시가 압제에 저항하는 시였다고 말한 앙드레 브르통(A. Breton)의 모든 전제들"(*PRPS*, 15쪽)이 전개되고 있음이 분명하다.

"존중받을 만한 반면에 위험하기도 한 합리성의 범주와 계몽주의의 범주들, 즉 미학 · 윤리 · 정치 등으로 분리된 카테고리의 이질성에 이의를 제기하는 행위"(9-10쪽)가 메쇼닉에게는 합당하게 여겨지는 것도 바로 이와 같은 까닭이다. 이론가 메쇼닉은 관계들의 가역성(可逆性)을 표출하는 속격(屬格) 제목들에 애착을 느낀다. 예를 들어, "리듬 비평"을 만들어내는 것은 그간의 리듬 이론과 리듬의 실질적 적용을 비판하는 데 놓여 있지만, 이와 동시에 리듬이 스스로를 '의미하는 방식'처럼 구축해 나가는 과정 전반에 대한 비판을 인식하는 데도 놓여 있다. 이처럼 『리듬의 정치, 주체의 정치』는 정치의 리듬, 정치의 주체로 바꾸어 생각할 수 있다 : "왜냐하면 비평은 필연적이고도 주관적으로 외부와 내부의 이중적인 성격을 띠기 때문이다. 비평은 비판된다. […] 관계는 '안정적이지 않은데', 이는 상호작용으로 얽힌 개념들이 항상, 그리고 서로 간에 늘 변형되기 마련이기 때문이다"(*PRPS*, 39쪽). 따라서 여기서의 관건은 시학을 이해하기 위해 역사와 정치, 그리고 윤리를 차례로 소급하는 것이 아니라, 이와는 역으로 윤리와 정치를 사유하기 위해서 시학을 소급하는 데 놓여 있는 것이다 :

> 시학작업을 이루는 근본적인 전제는 시학 없이는 […] 윤리가 홀로 될 것이라는 사실인데, 이는 하나의 주체가 '주체 자신이 되는 것'이 바로 언어활동을 통해서이기 때문이며, 하나의 주체가 다른 주체를 이루는 주체가 되는 것이 바로 시학적인 방식으로 행해지기 때문이다. 만약 윤리가 홀로 된다면 윤리는 오로지 추상화 그 이상도 이하도 아닐 것이다. 이 경우 정치는 자기 차례에서 홀로 고립될 것이며, 오로지 폭력 그 이상도 아닐 것이다. 이럴 때 비평은 그 어떤 것도 구제할 수 없게 된다. […] 시학의 주된 패러독스는, 민주주의를 위해서는 시학 · 윤리 · 정치 이 세 가지 용어 중 그 어떤 것도 독단적인 자신의 형식주의에 홀로 갇히거나 매몰되지 않게끔 시학 · 윤리 · 정치 사이에 상호작용의 필연성이 존재한다는 사실에 놓여 있다.
>
> (*PRPS*, 376쪽)

메쇼닉은 항상 "언어활동 · 문학 · 역사 · 무의식 사이의 관계들"(*PPV*, 421쪽), 그리고 보다 최근에 이르러서는 자신이 "상호적 연관성"이라 부른 어떤 것에 애착을 보여왔었다. 이러한 계획은 한편으로는 정신분석학, 그리고 다른 한편으로는 사회학을 문학에 대한 고찰과 연결지으려는 시도에 속하는 듯하다. 하지만 메쇼닉은 철학이나 여타의 인문과학보다는 항상 "디스쿠르의 우월성" 혹은 언어활동 이론의 우월성을 강조해 왔다. 왜 그런가?

어떤 면에서 볼 때 정신분석학은 디스쿠르의 주체를 무의식의 주체와 동일시하면서 주체를 '개인'으로 귀착시키고 만다. 이러한 사실을 설명하기 위해서 메쇼닉이 자주 꼽은 예는 사르트르의 경우이다. 사르트르가 제기한 "오늘날 인간에 관해서 우리가 알고 있는 것은 무엇인가?"라는 문제는 "플로베르에 관한 하나의 시학, 『마담 보바리』에 관한 한편의 시학을 구축하는 데는 실패한다"(*PRPS*, 24쪽)고 메쇼닉은 지적한 바 있다. 비록 사르트르가 정의한 인간이 전적으로 프로이트적 주체는 아니라 하더라도 사르트르가 상정한 인류학은 문학적 정신분석학과 마찬가지로 전기적인 인물과 작품의 문학적 특성, 그리고 주체로써 쓰거나 읽는 개인을 구축하는 문학적 특성이나 요인에 대해 전혀 설명하지 않는 내용들로 직행하는 디스쿠르의 무분별한 나열에 귀결될 뿐이다(주체를 참조할 것).

또 다른 한편, 메쇼닉은 마르크스와 마르크스 이후에 등장한 수많은 마르크스주의자들이 언어활동과 문학에 관한 논의에서 특수성과 자율성을 서로 혼동해 왔다고 비판한다. 자율성이라는 타이틀을 아주 간단히 거부한 마르크스주의자들은 예를 들어, 주체를 사회적 생산물에, 그리고 문학을 이데올로기에다가 완전히 동일시하면서(*SP*, 250–251쪽을 참조할 것) 일종의 축소작업을 수행한다. 이와 마찬가지로 메쇼닉에 의하면 "사회비평(socio-critique)은 [시학에] 근접해 있지만 그럼에도 불구하고 모호함, 즉 전통적인 마르크스주의의 언저리에 머물고 있는 것"(*EP*, 25쪽)이다.

마르크스의 언어활동 이론과 이와 연관된 분석방식을 다루는 과정에서 메쇼닉은 어떻게 마르크스가 경제 · 정치 · 언어활동의 관계를 오로지 한 방향으로만 설정하고 있으며, 특히 어떻게 언어활동을 경제와 정치 이 나머지 두 가지에 종속시키는가 하는 점을 드러낸다. 메쇼닉의 이러한 복잡한 연구를 여기서 상세히 논의하려면 보다 긴 지면이 요구될 것이다. 그럼에도 불구하고 언급해야 할 중요한 사실은 언어활동의 이원론적 개념이 마르크스에게는 **기호**로 변화되어 인식되었다고 메쇼닉이 지적한 점, 나아가 메쇼닉이 이러한 지점을 강력하게 비판하고 있다는 점이다(역사성을 참조할 것). 『자본론』의 저자는 권력이 비합리적이라고 호소하는 과정에서 '언어활동의 **속이는 특성**'을 고발한 바 있다. 마르크스는 외관들에 관여하는 이러한 언어활동을 "실체"(le réel)로 직행하는 투명하고 합리적인 언어로 대치하길 원하였다. 마르크스의 이러한 지적에 대한 메쇼닉의 반박은, 한편으로는 마르크스가 설정한 이러한 투명한 상태의 언어가 전적으로 불가능하다는 비판(여러 가지 주장 중 정신분석학이 이해 가능하게 만들었던), 그리고 또 다른 한편으로는 "보편적인 시니피에[기의]들"이 존재할 것이라는 마르크스의 믿음은 "문학은 오로지 반영이며, 이러한 반영과 표현이 매우 활력을 띠는 또 다른 반영의 다름 아니라는 식으로"(*SP*, 275쪽) '내용'에 전적인 우선권을 부여하며 시니피앙[기의]에 대한 불신을 야기한다는 비판을 통해서 전개된다.

메쇼닉의 모든 시학은 시니피앙, 특히 리듬적 시니피앙을 주체의 등재장소로 인식하면서, 언어활동을 의사소통의 수단으로 축소하면서 사물들의 질서를 유지하는 기호의 **도구주의**(instrumentalisme)에 반대되어 진행된다(역사성을 참조할 것). 바로 여기서 "민주주의를 위한 시학 · 윤리 · 정치 사이의 상호작용의 필요성"(*PRPS*, 376쪽)이 발생하게 된다 : "권력의 문제는 언어활동에 관한 전반적인 물음에 도구주의를 강요하며 그 절정에 달한다는 데 놓여 있다. [⋯] 나는 내가 주체와 사회의 도구주의라 부르는 것과 언어활동의 도구주의가 어떻게 서로 연관되지 않을 수 있을지에 대해 강한 의구심을 품게 한다"(61쪽). **주체 · 역사성 · 리듬**과 같은 개념들(각각의 항목란을 참조할 것)에서 출발하여 도구주의에 대항하는 강력한 비판으로 이르는 이같은 투쟁은 "언어활동의 인류학적인" 측면과 메쇼닉의 시학, 그리고 "문학 텍스트의 특수한 의미작용 방식들에 대한 연구" 사이의 접점을 구축할 것이다.

IV. 의미작용의 방식들에 대한 하나의 시학

『리듬 비평』의 다음 발취 부분은 문학 텍스트에서 메쇼닉의 시학이 개진하는 작업이 무엇인가 하는 점이 압축적으로 담겨져 있다 :

> 리듬 비평은 하나의 시구(詩句)나 한 편의 시를 주해하는 데 놓여 있는 것은 아니다. 리듬 비평은 효과(effet) 또는 가치(valeur)를 고갈시킬 것이며, 의미 자신이 말하지 않은 의미를 말하게 할 것이다. 리듬 비평은 이것들이 어떻게 의미하는지, 이 '어떻게'의 상황을 연구하는 것이다.
>
> (*CR*, 56쪽)

이러한 지적에서 핵심적인 두 단어는 "어떻게"와 "어떻게의 상황", 다시 말해서 한 텍스트가 의미하는 방식들, 즉 자율적으로 존재하는 것이 아니라 **역사성** 속에서 텍스트를 등재시키는 '발화행위'와 '재-발화행위'를 거쳐 생산되는 방식들(**주체**를 참조할 것)이다. 여기서 "어떻게의 상황"은 시학이 구조주의의 관건이기도 했던 "문학의 일반적인 법칙들"이 아니라, 작품들의 '작동기능'을 주요 연구대상으로 삼는다는 사실을 나타낸다. 왜냐하면, 이러한 상황의 문제는, 여기서는 단지 개념에서 전제된 방법론적 원칙만을 지적하고 앞으로 보다 상세하게 다룰 '역사성 문제'와 밀접하게 연관되어 있기 때문이다.

'위치시킨다는 것'(situer)은 우선 분석이란 내재적인 성질을 지니는 것이 아니라, 작품의 "전달"과 시학자의 입장을 고려한다는 사실을 전제한다. 다시 말해서 작품을 위치시킨다는 것은 작품을 오로지 작품의 독서(작품의 수용)나 해석으로 축소한다는 사실을 의미하는 것은 아닌 것이다. 보들레르의 「가을의 노래」(*Chant d'automne*)에 관한 연구(*PPIII*, 275-336쪽)에서 메쇼닉은 "텍스트화"(textualisation)를 언급한다 : "텍스트화는 수용 속에만 전적으로 존재하는 것은 아니다. 텍스트화는 절대적인 명령이 아니며, 단지 이데올로기적이지만도 않다. 텍스트화는 초언어학적 구조화와 수용 사이의 관계를 의미한다. 전달은 이러한 구조화의 사회적 효과이다"(277쪽). 이러한 지적에 이어서 메쇼닉은 오늘날 보들레르를 읽는다는 것은 "바로 이러한 연구를 위치시키는 것이며, 보들레르를 위치시키는 것"이라고 설명한다. 우리가 상황 개념의 복수적인 가치를 목격하게 되는 것도 바로 여기에서이다 :

> 보들레르-단계, 보들레르-랭보 이후 보들레르-말라르메, 보들레르-로트레아몽, 보들레르-프루스트, 보들레르-아르토와 조이스 혹은 엘리어트. […] 연구의 대상, 탈-역사적으로 형식화하거나 이와는 거꾸로 역사적으로 휴머니즘화하는 연구의 대상, 우리는 연구대상을 탈시학화한다. 연구대상을 시학적으로 읽는다는 것은 우리를 등장인물들로부터 격리시키면서 우리와 함께 텍스트적 관계 속으로 모험을 떠나는 역사성과 미끄러짐의 수행 사이의 관계를 읽는 것이다. 나는 그것을 매일 벌어지는 언어활동 속에서, 그리고 '진부하고 평범한 것'을 향한, **주체**(je)에 관한 **주체**(je)의 작업으로, 여기서-지금(ici-maintenant)으로 여긴다.
>
> (278쪽)

메쇼닉은 구체적으로 자신의 읽기를 "위치시키기" 위해서 이전에 빈번히 행해졌던 읽기들에 대한 인식론적 비판작업부터 착수한다. 예를 들어, 메쇼닉은 부정성과 비인칭성을 중심으로 형성되었던 「책」(*Livre*)이나 「주사위 던지기」(*Coup de dés*)에 대한 대부분의 말라르메 연구에 어떠한 전략들과 관건들, 그리고 어떤 시 개념이 설정되어 있었는지를 드러내며, 이어서 특히 말라르메의 소네트 "오 몹시 가깝고도 멀고 하얀, 몹시/매력적인 당신, 매리, 내가 상상하는"(O si chère de loin et proche et blanche, si/délicieusement toi, Mary, que je songe) (*MSA*를 참조할 것)에서 우리가 어떻게 말라르메의 작품으로부터 긍정과 주체의 시학을 읽어낼 수 있는지를 보여준다.

메쇼닉에 있어서 '위치시키기'란 표본을 추출하여 연구하는 것을 의미하는 것이 아니라 **한 작품의 총체성**을 고려하는 작업을 의미한다. 이러한 전망을 전형적으로 드러내는 연구는 위고의 운문뿐만 아니라 산문에도 관심을 보인 "어떤 특정한 심급들이 아니라, 의미하는 방식처럼 여겨진 은유의 장(場)에서의 리듬과 프로조디" (*PPV*, 1)를 연구한 『위고를 기술하기』일 것이다. 더욱이 개별적인 시 한 편을 분석할 때조차 메쇼닉은 『악의 꽃』 속의 「가을의 노래」처럼(『시학을 위하여 III』을 참조할 것) 한 편의 시가 포함된 시집 전체를 고려하여 연구를 진행한다. 마찬가지로 한 작품집을 연구할 때도 메쇼닉은 나머지 작품 전체와의 관계를 고려하여 특정 작품집의 특수성을 연구한다(『시학을 위하여 III』에서 「언어활동-고독. 엘뤼아르의 "즉각적인 삶"의 의미-형식들」을 참조할 것).

이처럼 메쇼닉에게 있어서 시학이 목표하는 것은 디스쿠르의 '의미' 자체가 아니라 디스쿠르의 **의미하는 방식들**인 것이다. 시학은 글쓰기를 '다른 것들', 예를 들어 재현이나 모방에다가 연루시키는 모든 전통에 결부시키는 것이 아니라 오히려 이러한 것들에 대항하는 '작동기능'에 보다 일정하게 연관짓는다. 메쇼닉은 이러한 전통이 시니피앙에서 이전의 수단이나 장식 등을 만들어낸 이원론을 지탱하고 있는 "개념들과 더불어 문학을 형성하는 항구적인 전제" (*PPII*, 26-27쪽)를 지니고 있다고 언급한다. 위대한 도전이란 작동기능을 의미에서 고립된 "형식들"과 혼동하지 않는 데 놓여 있으며, 작동기능을 카탈로그식으로 나열된 기법들의 목록에다가 함부로 결부시키지 않는 데 놓여 있는 것이다. 『시학을 위하여』에서 메쇼닉은 텍스트에서 '모든 요소들이 함께 의미한다'는 사실을 강조하기 위해서 "의미-형식"이라는 개념을 제안하였다. 이 개념은

동일한 랑그의 차원에서는 시를 번역하는 것이 불가능하다는 사실을 증명한다 :

> 언어활동과 자신의 랑그 속에서 형성되는 시는 한편 기호들과 더불어 형성되는 것은 아니다. […] 만약 그렇지 않다고 한다면 시는 우리가 흔히 말하는 것처럼 "산문으로" 자기 자신과 다른 어떤 것을 표출할 것이다. 그러나 시는 다른 어떤 것을 말하지 않는다. 로트만(Lotman)은 [만약 그렇지 않다면] 시가 동일한 메시지를 위해서, 모든 복잡성이 제거된 의사소통의 역사적 필연성에 의해서 이미, 그리고, 아주 오래 전에 사라져 버렸을 것이라는 사실을 잘 드러낸 바 있다.
>
> (*PSR*, 405쪽)

이처럼 시학은 해석이 아니라 "의미의 역사성 이론"을 겨냥하는데, 이 의미의 역사성 이론은 "더 이상 총체성(tatalité)인 것도, 단일성(unité)인 것도, 진리(vérité)인 것도 아니다. 그것은 모순 · 복합적인 것 · 경험적인 것의 비헤겔적인 논리"(*EP*, 43쪽)이다. 이처럼 의미 자체에 몰두할 이유가 없는데, 그것은 "이해할 수 없는 것 또한 이해할 수 있는 것에 속하는 것처럼" 시가 "의미의 알레고리"이기 때문이며, 마찬가지로 "의미 없음" 또한 "의미의 지표"나 "의미의 요구" 또는 "끝없이 의미를 향한 여정"(120쪽)에 속하기 때문이다.

시학의 임무는 오히려 "구체적이고 개별적인 무엇"에 주의를 기울이면서 의미의 작동방식의 특수성을 발견하고, "언어활동 안에서 개입되기 시작하는 변형들"(109쪽)을 귀 기울여 듣는 데 놓여 있다. 이는 시학이 “작품이 […] 특이한 의미론적 공간 속에서만 오로지 의미의 효과를 지니고 있을 뿐인 형식들에게 의미의 효과를 부여하면서 문법과 수사학을 변형시킨다는 사실”(*PPIII*, 179쪽)을 드러낸다는 것을 의미한다. 여기서 “특이한 의미론적 공간”이란 작은 단위에서 커다란 단위에 이르기까지 디스쿠르 전체가 함께 실현하는 작품의 체계 개념의 또 다른 이름 그 이상도 이하도 아니다. 바로 이러한 인식에서부터 표본 수집을 통한 분석에 만족하는 것이 아니라, 이보다 중요한 전체 속에서 “작은 단위들”에 대한 섬세한 연구를 시도해야 하는 필연성이 발생하는 것이다.

V. 분석의 예 :「엘뤼아르의 “즉각적인 삶”의 의미-형식들」

“작동기능”, “의미작용의 방식들”, “의미-형식”, “가치”, “체계” 같은 메쇼닉 시학의 근간을 이루는 개념들을 보다 용이하게 포착하기 위해서는 메쇼닉이 제시한 분석방법의 얼개를 살펴보아야 할 것이다. 작동기능에 관한 분석은 매우 상세한 연구를 요구하기 때문에 여기서 다시 제시될 수도, 심지어 짧막하게 요약될 수도 없다. 우리는 메쇼닉이 『시학을 위하여 III』에서 글쓰기가 “상응이자 한 작품의 내적 관계의 체계, […] 그리고 형식들에게 주어진 의미”(*PPIII*, 182쪽)라는 점을 드러낸 바 있는 「언어활동-고독. 엘뤼아르의 “즉각적인 삶”의 의미-형식들」의 몇몇 예들을 끄집어내 보는 데 만족하기로 한다.

메쇼닉은 「즉각적인 삶」의 전체 구성과 통사구조를 먼저 설명한 후 이 특이한 시집에서 명사와 동사의 작동기능, 그리고 마지막으로는 프로조디를 드러내 보인다. 프로조디에 관한 사항들은 또 다른 장에서 할애될 것이기 때문에(프로조디 부분을 참조할 것) 프로조디에 관해서는 여기서 길게 언급하지 않기로 한다. 메쇼닉이 전개한 분석의 관건은 "분할된 하나의 짝을 이루는 이 책이 모든 종류의 언어적 · 상징적 형식들을 조직하는 방식, 또한 이러한 분할이 모든 종류의 언어적 · 상징적 형식들 속에서 재생산되는 방식"(179쪽)을 살펴보는 데 놓여 있다.

책의 구성에서부터 이미 체계를 구축하는 어떤 요소가 발견된다 :

> 더 이상 여기에 존재하지 않는 여인 갈라(Gala)는, 여기에 이미 존재하며 책의 마지막 부분에서 등장하게 되는 여인 뉘쉬(Nusch)보다 더 많이 기술되었다.[19] 이는 「즉각적인 삶」이 '책'으로서 기술되었으

19 제1차 세계대전 이후 다다이즘과 초현실주의가 활약하던 당시나 심지어 스페인 내란과 레지스탕스 저항운동 당시에도 엘뤼아르가 추구한 항구적인 시적 주제는 한마디로 '사랑'이었다. 특히 엘뤼아르 연구가들이 관심을 갖고 있었던 것은 엘뤼아르의 사랑의 대상이었던 갈라, 뉘쉬, 도니미크라는 여인들이 엘뤼아르의 작품에 어떠한 영향을 미쳤는가 하는 점이었다. 엘뤼아르의 부인이었다가 살바도르 달리의 연인이 되면서 수많은 화제를 낳았던 갈라의 본명은 Hélène Dmitrovnia Diakonova Gala였다. 엘뤼아르는 요양차 그녀가 머물고 있던 스위스의 병원에서 만나 1917년 파리에서 결혼하였다. 그녀는 엘뤼아르뿐만 아니라 초현실주의 시인들과 화가들에게도 영감을 주었다고 알려져 있다.

> 며, 단편적인 시 모음집이 아니라 하나의 전체적인 구성(composition)처럼 기술되었다는 사실을 의미한다. 잃어버린 사랑에서 출발하여 다시 발견된 사랑으로 이르는, 과거에 새로운 사랑에 대해서는 비장하게 늦어버린, 그리고 체험된 현재.
>
> (181쪽)

우리는 이러한 "새로운 사랑에 대해서 비장하게 늦어버린" 구성에서, "살기-쓰기"나 작품의 체계 속에서의 주체의 등재가 개인의 전기와 혼동되는 것이 아니라 오히려 "서정적인 조직, 통사와 리듬에까지 이르는 짝의 이중적인 구조"(상동서) 역할을 하게 된다는 사실을 알게 된다.

이 작품의 통사조직을 살펴보면 병렬구조 · 조직적 배열 · 종속관계와 동사형태에 대한 명사형태의 지배력이 표출된다. 여러 비평가들로부터 엘뤼아르 시의 주요 특징으로 지적된 바 있는 이러한 지배력은 이와 마찬가지로 한 시대를 통틀어 목격되는 글쓰기의 한 경향을 보여준다. 메쇼닉은 특이한 가치들을 연구하면서 통사를 선호하는 이러한 현상을 엘뤼아르의 작품에서, 그리고 「즉각적인 삶」에서 위치시키는 작업을 감행한다.

동사적이고 명사적인 형태의 수(數)를 드러내는 작업은 작

뉘쉬(Nusch)의 본명은 Maria Benz였으며, 그녀는 창백하고 맑은 눈동자, 가냘픈 몸매의 소유자였다고 전해진다. 그녀는 엘뤼아르를 파리의 한 카페에서 만나 사랑에 빠지게 되었다. 「뉘쉬」라는 제목의 시를 집필할 정도로, 그리고 갑작스런 죽음 후에 애도를 표하는 시를 쓸 정도로 엘뤼아르에게 영향을 미쳤던 여인이었다. [역주]

품집에서 이들의 배치에 관련된 연구와 더불어 "동사의 시"와 "명사의 시" 사이의 긴장을 드러나게 만든다 : "특히 여기서 동사는 산문시, 짝의 결합, 접속사적이며 주관적인 한편의 시이다. 명사는 여기서 존재와 소유의 확인, 시간으로서가 아니라 실체로서, 그리고 분리로서 체험된 현재이다"(179쪽).

시구들에서 "양적으로 부가 형용사를 드러낼 부분에 명사를 중첩시키는 [···] 명사 보어(補語)의 시적 현존은 [···] **의존성**의 시, **소유**의 시, **-의**(de)의 언어활동을 형성하는 시적 노력에 해당된다"(196-197쪽). 초현실주의 시에서 만약 이러한 형태의 보편화된 구(句) 사용이 "은유적 균형의 미덕"을 획득하기 위해서 "하나의 연쇄를 정착시키고" "세계의 모든 명사들에 답하는 경향이 있다"고 한다면, 이러한 보편화는 「즉각적인 삶」에서는 작품의 고유한 가치를 지니게 될 것이다 :

> 가장 빈번한 ~**의**(de)의 ~**이다**(être)로의 변형("그의 웃음의 눈[la neige de ses rires]"은 "그의 웃음은 눈**이다**[ses rires sont de la neige]"로 변형되는 반면에, ~에 있는[à]은 가진[a], 갖다[avoir]로 변형된다 : "개미 머리에 있는 초롱불빛" [lanterne à téte de fourmi]은 "초롱불빛은 개미 머리를 가진다" [lanterne a une tête de fourmi]로 변형된다)은 책의 모든 비장함을 드러내는 **존재**와 **소유**를 서로 동일하게 만든다.
>
> (200쪽)

마찬가지로 은유적 한정은 산문에서 특화되지만 보다 빈번하게 이것들은 관계사(關係詞)의 형태로 등장한다. 관계사들("~의

[de]"나 "~에 놓인[à]" 따위)은 은유의 개념적인 변형을 명사의 보어를 형성하는 다수의 단어들로 확장시킨다. 예컨대, 관계사들은 이러한 방식으로 "명명(命名 nomination) 속에 시간"을 포괄하는 지점으로 이르는 것이다("우리 욕망들의 양식[糧食]을 내가 너와 함께 끊어 버리려고 당도했던 방" [la chambre où je venais rompre avec toi le pain de nos désirs], 207쪽을 참조할 것). 시구들에서 명명의 형태들이 불연속성을 조장하거나 시간을 실체처럼 고정시키는 데 비해서, 오히려 「즉각적인 삶」은 이와 같은 방식을 통해서 관계사들로부터 "여인 · 소유 · 과거"를 서로 연결짓는 "여인의 복잡한 변형방식"(207쪽)과 "연속성의 명백한 표식"을 만들어낸다.

위에서 지적한 이러한 지점은 메쇼닉이 제시한 "짝의 시와 분할된 언어" 사이의 수많은 충돌들 중 한 가지 예에 해당될 뿐이다. 이 수많은 충돌은 텍스트의 **의미작용의 방식들**로부터 탄생한다. 우리는 여기서 어떻게 의미작용의 방식들이 내용을 흉내내는 형식들의 단순한 "표현성"(expressivité)이나, 거울처럼 재생산될 뿐인 텍스트의 심급들에서 추출된 극적인 대립의 계열들과 서로 혼동되지 않는지를 이해하게 된다. 여기서 체계는 내적 복수성과 "언어활동-고독"의 모든 "의미-형식들"이 '소유'와 '있음' 속에서 존재를 고정시키는 명명을 지배하는, 서로 복잡하게 뒤엉켜 있는 모순 전체에 의거해서 조직된다.

이러한 사실은 동사 분석에서도 잘 나타난다. 동사의 시는 결합을 향해 나아가지만 결합에만 전적으로 환원되는 것은 아니며, 결합을 완벽하게 실현하는 것도 아니다. 동사는 마찬가지로 동사원형 형태의 사용에 의해서 명명을 만들어내는 데 기여한다 : "동사 원형에서, 동사는 사행(事行 procès)으로부터 존재가 된다"(226쪽). 시에서 동사는 위치에 의해 "빈번하게 자율적인 통사 그룹을 구축하게끔 인도되어"(226쪽), "동사는, 때론 전적으로 고립과 수직성, '서 있는 시'에 이르는 명사보다는 덜 그런 경향을 띤다. 이 서 있는 시는 이미 엘뤼아르이며, 상세하게, 때론 그렇지 않게 모호함 속의 현대시[…]가 된다"(227쪽). 메쇼닉은 다음과 같은 여러 시구들을 인용한다 :

> 늘 나와 함께 있기 위해서(「고독의 세계」, XVII)
> (Pour être toujours avec moi)
> 그것을 대신한 모든 것에 경탄을 표하기 위해서(「고독의 세계」, XVIII) (Pour s'étonner de tout ce qui l'a remplacée)
>
> 그리고 사랑하기 위해서 이별한다(「고독의 세계」, XX)
> (Et pour aimer séparent)
>
> 타인들에 대한 근심 없이
> (Sans se soucier des autres)
> (이 시구는 「즉각적인 삶」의 마지막 시구이다.)

이러한 분석은 우리가 무엇을 통해서 **의미-형식의 특수성**을 고려하는가 하는 점을 잘 드러낸다. 다시 말해서 이러한 분석에서 명사와 동사는, 예를 들어 명사→실체, 동사→행위처럼 **이미 확립된** 몇몇 의미를 지닌 형식들처럼 고찰되지는 않았던 것이다. 메쇼닉은 텍스트, 이러한 구체적인 텍스트가 만들어낸 것을 자세히 살필 뿐이다.

의미작용의 방식들을 기술한다는 것은 따라서 단순하게 "어떤 문법을 드러내거나" 혹은 "프랑스어의 문체론적 특이성들"(209쪽)을 작품에서 드러내 보이는 데 놓여 있는 것이 아니라 "구성과 의미작용, 따라서 문법적인 책의 힘이 어떻게 문법을 자신의 것으로 만들어내고 또한 해체하는지"(209쪽)를 살펴보는 데 놓여 있는 것이다. 폭넓은 방식으로, 시학의 일반적인 관점 속에서 "문법의 형성과정"을 포괄하고 이해해야만 하는 것이다. 즉 엄밀한 의미에서의 문법적 카테고리들을 관찰하는 것이 분석의 관건은 결코 아닌 것이다. 메쇼닉은 엘뤼아르에 관련되어서 "연구의 형식적인 틀(명사의 시, 동사의 시)이 그 자체로 작품의 의미(텍스트를 구축하는 새로운 의미론 속에서)를 지니고 있으며, 이 형식적인 틀은 '보편적인 요소들' (universaux), 즉 문법적 카테고리들에 부과된 추상적 무엇은 아니다"(*PPIII*, 179쪽)라고 기술한다.

메쇼닉이 시제와 더불어 의미작용의 방식들으로서 리듬과 프로조디에 점차로 보다 큰 자리를 부여하는 것은 의미심장한 일인데, 그 까닭은 메쇼닉에게 리듬이 디스쿠르의 단위들 전체가 참여하는 거대한 동력으로 인식되어 있기 때문이다. 메쇼닉이 분석에 있어서 "장르나 수사학과 같은 보편적인 요소들"(11쪽)에서 착수하지 않는다는 사실 역시 의미심장하기는 마찬가지이다. 그 까닭은 특수성이란 고정되고 고립된 카테고리들을 통해서 구축되는 것이 아니라, 텍스트 요소들의 매번 다른 상호작용에서 비롯되는 것이기 때문이다. 이것이 바로 "디스쿠르 시학"의 결과인 것이다.

역사성과 주체

메쇼닉 이론 전반에서 역사성과 주체 개념은 서로 불가분의 관계에 놓여 있는데, 이는 이 양자가 시학을 통해서 "언어활동과 사회, 개인의 상호관계의 필연성"에 관한 벤브니스트의 연구(제라르 데송[G. Dessons]의 『에밀 벤브니스트』(*Emile Benveniste*), 베르트랑-라코스트, 1993, 66쪽과 이 책의 맥락들을 참조할 것)를 계승할 것을 목표로 하기 때문이다.

한편, 제라르 데송이 지적했듯이 언어활동과 인간에 대한 정의에 필연적인 관계를 설정한 이와 같은 전제는 전혀 새로운 것은 아니다. 하지만 그럼에도 불구하고 벤브니스트는 이러한 관계를 보다 명확하게 밝히려고 노력하였다. 언어활동과 인간과의 관계 정의를 도구적인 방식으로 고찰해 온 전통—예를 들어, 언어활동은 인간에게 하나의 도구이며, 인간이 이 도구를 사용한다는 관점—에 반대하여 언어학자 벤브니스트는 언어활동을 구성적인 방식으로 이해한다. 예컨대, 언어활동은 개별화의 절차(processus d' individuation)이며 주체성(subjectivité)을 구축한다고 벤브니스트는 사고하였던 것이다. 바로 이렇게 해서 '본성'(la nature)과 '문화'(la culture) 사이의 대립은 해체된다. 따라서 벤브니스트에 따를 때, 한편으로 언어활동은 "삽, 화살, 바퀴" 같은 종류의 도구들과는 반대로 "인간이 그것을 만들어내지는 않은 인간의 본성 속에 존재하며"(『일반언어학의 제 문제 Ⅰ』, 259쪽), 또 다른 한편으로 언어활동은 문화적이고 사회적인데, 그 까닭은 언어활동이 화자들 간에 관계를 맺게 해주는 가능성 자체에 전적으로 의존하고 있기 때문이다.

메쇼닉은 **디스쿠르적 연속성**인 **'시니피앙스** 속에서, 그리고 시니피앙스에 의해서'(dans et par la signifiance) 구축된, 시에 특수한 주체의 존재를 전제하면서 벤브니스트의 고찰을 보다 심화시킨다. 매번의 발화행위를 통해서 재개되는 이러한 주체는 **역사성** 속에서 취해진다. 역사성 개념은 메쇼닉이 "**기호**의 형이상학", 도구적 이해나 기원을 추구하는 언어활동의 이원주의, 그리고 불연속성이라 그가 칭한 것에 대한 전적인 비판을 전제한다.

Ⅰ. 기호 비판

언어활동의 역사적 인류학(『리듬 비평』의 부제이기도 한)의 시금석인 "기호" 비판은 단지 메쇼닉의 특정 작품에서만 발생하는 국지적인 현상은 아니다. 오히려 이러한 물음을 보다 심화시키려는 욕구를 지닌 독자들은 『리듬의 정치. 주체의 정치』나 『기호와 시』에서 보다 상세하게 전개된 연구를 발견하게 될 것이다. 메쇼닉의 이론 전반에서 "기호"란 "시니피앙–시니피에"의 짝으로 상징되는, 일련의 연쇄처럼 작동하는 이원론의 계열들을 가리킨다. 그리고 이러한 이원론의 계열들은 일일이 나열하기에도 힘들 정도로 상당수에 이른다. 짝을 이루는 이러한 이원론의 계열들을 최근에 메쇼닉은 "여섯 가지 패러다임" (*PRPS*, 114–125쪽)으로 구분한 바 있다. 여섯 가지 패러다임은 우선, 언어학적으로는 고유한 것/수식된 것, 형식/의미, 시–형식/산문–일상적 언어활동 따위의 구분을 이끄는 시니피앙/시니피에의 패러다임, 인류학적으로는 육체/영혼, 삶/언어활동, 본성/문화, 철학적으로는 말(단어들)/사물, 기원/협약, 신학적으로는 구약/신약, 사회적으로는 개인/사회, 정치적으로는 다수/소수 등의 이원론적 패러다임을 의미한다.

물론 이원론의 목적은 두 가지 대립항들을 결코 변증법적이지 않은 관계, 혹은 오로지 하나의 항(項)에만 귀결될 뿐인 변증법적인 관계 속에서 각각의 항을 따로 분리시키고 서로 대립되게 만드는 데 놓여 있다. 따라서 여섯 가지 패러다임은 공히 각 대립 항들의 상호작용이 제거되었거나 하나가 다른 하나를 종속시키는 관계를 바탕으로 구축된다. 육체에서 영혼을 분리시키는 "서양의 형이상학"으로 여겨진 이러한 이원론적 사유방식은 메쇼닉의 관점에서 볼 때 문학과 언어활동 이론의 차원에서 뿐만 아니라, 윤리적이고 정치적인 차원에서도 마찬가지로 다양한 절차와 결과물들을 생산해낸다.

따라서 언어활동 속에서 하나의 "기호"나 "기호들의 집합"

을 목격하는 일은 무엇보다도 우선 기호를 언어활동에는 존재하지 않는 다른 무엇의 대체물처럼 사유하는 행위에 해당된다 : "기호의 도식은 심지어 성스러움(sacré)의 도식이기조차 하다. […] 성스러움은 어떤 대상이 아니라, 기호와 마찬가지로 어떤 대상이 맺는 "관계의 이상적인 방식"을 의미할 뿐이다. '다름'의 표시로서의 기호와 완전한 타자의 기호는 동일한 관계이다"(*SP*, 48-49쪽). 메쇼닉이 "기호의 형이상학"에 관해서 "성스러움"이나 "신성화"를 언급하였다면 그것은 바로 이같은 까닭에서이다. 성스러움의 논리와 마찬가지로 기호의 논리는 교체적, 즉 도구적이다. 사실상 기호 혹은 기호 자신의 한 가지 측면은 오직 목적의 대상이 된 어떤 것이나 유일한 최후의 목표에 도달하는 데 필요한 도구일 뿐이며, 바로 이 때문에 기호는 지시대상과의 관계에 놓인 시니피앙과 시니피에 전체(말/사물의 이원론), 혹은 시니피에와의 관계에 놓인 시니피앙(음성/의미의 이원론)에 인위적인(인공적인) 역할을 부여하는 도구일 뿐인 것이다.

이러한 개념설정에서 야기된 가장 대표적인 효과 중 하나는 '자의성'에 대한 미련, 즉 이러한 "의사소통 도구"가 더 이상 "본성"에 근접해 있지 않으며, 멀어진 "충만함"에다가 단순히 "비어 있음"을 연루시킬 때 야기되는 비탄의 감정이다. 많은 예들 중에서 메쇼닉이 구체적으로 지적하여 비판을 가하고 있는 학자는 "단어(이름인)가 사물과의 관계에서 비본질적이다"(*SP*, 161쪽)라고 여기는 사르트르(J.-P. Sartre)이다. 우리는 『문학이란 무엇인가?』(*Qu'est-ce que la littérature?*)의 다음 발췌 구절에서 사르트르의 이러한 사유를 읽을 수 있다 : "명명은 명명된 대상에게 이름의 영속적인 희생을 전제하게 된다. 혹은 헤겔처럼 말해본다면 본질적인 사물과 마주한 이름은 거기서 비본질적임을 드러낸다”(『문학이란 무엇인가?』, 갈리마르, 17쪽). 메쇼닉은 이같은 사르트르의 이해가 발화하는 주체의 소멸과 디스쿠르의 무용성을 전제한다는 점을 드러내며 다음과 같이 언급한다 : “‘단어－이름’과 인간 사이의 일치에 의해서, 그리고 일치 속에서 의식하는 현존은 관계들을 형성하며, 풍경을 바꾸지 않고도 사라지게 할 수 있다”(*SP*, 161쪽). 메쇼닉은 사르트르를 한 번 더 인용한다 : “드러나는 존재에 대한 우리의 확실성은 드러난 사물과의 관계에서 비본질적인 존재의 확실성과 하나가 된다”(50쪽). 이러한 사르트르의 미련은 예술이 보상받을 수 있다는 관점을 유도하거나, 나아가 반－도구적인 디스쿠르들에서 문학이나 시를 만들어내기 위해 문학을 일상 언어활동에다가 전적으로 대립시키거나, 시를 아예 산문에 대립시키는 이론을 통해 구체적으로 발현된다. 이와 같은 사실은, 예를 들어 사르트르의 다음과 같은 유명한 말 자체에서 이미 드러나는 바이도 하다 : “시인들이란 언어의 사용을 거부한 자들이다”(17쪽).

이러한 이론은 비록 짝을 이루는 두 가지 용어가 하나에서 하나로 변화한다고 하더라도 “본성과 문화 사이에 문화의 반작용”을 다시 생산해낸다. 이처럼 메쇼닉은 사르트르에게 있어서 이 두 용어가 서로 분할되는 것을 목격한다. 예컨대, 한편으로는 협약(기호와 의미 사이나 언어활동과 세계 사이에 관련성이 없다고 전제하는 개념, **프로조디**, **시니피앙스**를 참조할 것), 투명성, 의사소통, 그리고 의미작용에 의해 특징지어진 실용성으로 환원된 산문이나 일상적 언어활동(사르트르는 이 두 가지를 서로 동일한 것으로 파악한다)이 존재하는 반면, 다른 한편으로는 반(反)-자의성(시를 사물들에 접근시키는 유관성), 실체, 비(非)-의사소통, 불투명함에 의해서 특징지어진 비(非)-실용적인 시가 존재하는 것이다.

메쇼닉은 이러한 사르트르의 반-자의성이 "반사회성을 만들어낸다"(*SP*, 171쪽)고 파악한다. 왜냐하면 시에서 반-도구를 만들어내는 것은 여전히 그 자체로 "주체와 사회의 도구주의"(*EP*, 61쪽)에 근접한 '언어활동-도구'의 존재를 상정하는 작업에 해당되기 때문이다. 이러한 사르트르적 전망 속에서 보자면 시인은 유일하게 본질적인 무엇에 접근할 특권을 가지고 있는 자이며, 그것은 또한 축제와 일상 사이의 대립이자 시를 결국에는 도피처로 여기는 작업인 것이다 :

> 실제로 상상력이 없으며, 몽환적이지도 않으며, 일상적인, 또한 가난하며 비천한 언어활동이 존재할 수 있다. 견딜 수 없으며 삶을 영위할 수 없는 이러한 무미건조함으로부터 우리를 구해줄 임무를 부여받은 것이 바로 시인 것이다.
>
> (사르트르, 『문학이란 무엇인가?』, 56쪽)

"기원의 형이상학"은 하나의 본질, 하나의 진리, 하나의 통일성을 추구한다. 이러한 '본질이론'(théorie de l'éssence)은 자신들이 이같은 상황을 부정한다고 늘 변명하고 있음에도 불구하고 한편, 덜 설정되었거나 덜 역사적이지는 않을 것이다. 메쇼닉은 이러한 이론을 지배의 "전략"(반드시 의식적이지는 않은)과 같은 것으로 파악하며, 실천이나 목소리들의 부조화, 그리고 결국에는 복수성을 인식하는 행위를 방해하는 통일성의 논리와 같은 것으로 파악한다. 이원론적 사유는 따라서 호르크하이머가 "전통이론"(맥락을 참조할 것)이라 부른 것에 즉각적으로 귀속되게 된다. 예컨대, 이원론적 사유는 하나의 항을 다른 항에 대립시키면서 그것을 변형시키는 것이 아니라, 하나의 질서와 다른 하나의 질서를 서로 대립시키는 작업으로 귀결되고 마는 것이다.

메쇼닉은 헤아릴 수 없을 만큼 다양한 이론들(문학이론, 언어이론, 철학이론 등등) 속에 존재하는 이러한 형이상학의 파급효과들을 분석한다. 여기서 우리는 문학이론에 흥미를 갖고 있는 독자들에게 비교적 널리 알려졌다고 할 수 있는 쥘리아 크리스테바의 경우만을 살펴보기로 한다. 메쇼닉은 여러 차례에 걸쳐서, 특히 『리듬 비평』과 『리듬의 정치. 주체의 정치』에서 크리스테바의 작업을 검토하였다. 크리스테바는 문학 텍스트를 연구하기 위해서 "기호론"과 "상징론"(90쪽의 〈조명〉을 참조할 것)이라는 개념의 짝짓기를 제안한다. 이러한 짝짓기는 충동 · 비이성 · 어머니 · 여성적인 것과 글쓰기 · 반란 · 해방을 합리성 · 법 · 아버지 · 억압 · 기호 · 논리적 언어활동에다가 대립시키기 위해서 개념적으로 연결짓는다. 이처럼 이러한 짝짓기는 "기호의 인류학"(*PRPS*, 337쪽)에서 존속하게 된다. 『리듬의 정치. 주체의 정치』의 저자에 따르면, 한편 이러한 인류학은 "레비-브륄(Lévy-Bruhl)에 있어서 아이 · 광인 · 미개인" 처럼 "항상 여성을 억압해 왔다"(337쪽). 이러한 인류학은 아이 · 광인 · 미개인을 본성 · 원초적인 것 · 비이성적인 것과 동일시하면서 인간을 판단하는 잣대를 문화와 이성으로부터 만들어냈다. 한편, 크리스테바는 이러한 위계질서를 거꾸로 뒤집는다. 그러나 이 작업에서 **본성**은 높이 평가되지만 이를 설명하는 도식은 결국 동일한 수준에 머문다. 나아가 이같은 사실은 크리스테바를 여러 가지 중에서도 "본성"의 반란, 법에 대항한 "무의식"의 반란과 같은 셀린(Céline)의 반유대주의, "유대 그리스도적인 일신론"에서 주장하는 상징론을 "설명하게"(337쪽)끔 유도한다. "여성이 다른 억압된 존재들과 함께 자연스럽고 기대되어 온 연대성을 발현해야만 한다고" 믿는 메쇼닉은, 그럼에도 한편으로는 크리스테바의 이론에서 다음과 같은 사실이 매우 기이하게 여겨진다고 고백한다 :

> […] 내가 기이하게 생각하는 것은 여성에 관한 사유와 주체로서의 여성에 관한 이와 같은 필연적인 연구가, 어떤 역할을 고안하는 대신 […] 오로지 역할들을 전도시키는 데 만족하면서 […] 정확히 기호의 인류학 속에 놓여진다는 점이다.
>
> (337쪽)

메쇼닉에게 있어서 "기호"가 방해하는 것은 바로 이러한 것들이다. 다시 말해서 기호는 고안(invention), 즉 새로운 관계들의 고안을 도처에서 방해하는 것이다.

이와 같은 메쇼닉의 비판은 이원론적 사유 속에 은폐되어 있는 위험성이 어디에 놓여 있는지를 납득하게 해준다. 한편으로 이러한 메쇼닉의 비판은 "빈번한 반복에 따른 상동관계에 의해서 [인류학적 · 철학적 · 정치적 · 신학적 · 사회적인] 또 다른 패러다임들을 유도하는" 변증법을 만들어내는 작업보다는, "시니피앙-시니피에"와 같은 언어학적 형식화에 보다 많은 책임을 캐묻는 행위에 더 근접해 있다고 할 수 있다. 그러나 기호가 또 다른 패러다임들의 주요 원인이건 그렇지 않건 간에 궁극적으로 메쇼닉 비판의 관건은 여기에만 놓여 있지는 않다. 그것은 오히려 패러다임들에 공통적으로 존재하는 관계방식을 조명하는 작업, 그리고 몇몇 관계들을 완전히 다른 방식으로 사고하는 일종의 새로움에 놓여 있을 것이다. 이럴 때 우리는 시니피앙과 구약(신학적 패러다임), 개인(사회적 패러다임)과 소수(정치적 패러다임) 사이에 메쇼닉이 설정하였던 상호 접근방식에 그다지 놀라지 않게 될 것이다. 메쇼닉에게 있어서 패러다임의 또 다른 축에 놓여 있는 이들의 관계는 시니피앙과 시니피에의 관계와도 근본적으로 같은 것이다 :

> 번역이 경험을 통해서 그것을 드러내는 것처럼, 기호의 나머지 절반인 이 시니피에가 '본질적인 것'으로 취급되거나 전부인 것처럼 여겨지는 동안, 사방에서 시니피앙은 '적당히 얼버무릴 만하고—적당히 얼버무려지고—유지되고' 만다.
>
> (*PRPS*, 115쪽)

기독교의 "신학적 패러다임"은 구약으로부터 "적당히 얼버무릴 만하고—적당히 얼버무려지고—유지된 시니피앙, 그것이 시니피에 자체라고 자임하는 시니피앙"(120쪽)을 만들어내는데, 그 까닭은 구약이 오로지 신약의 **전단계 구상**처럼 여겨지며, 유일하게 진리를 보유하고 있는 무엇으로 여겨지기 때문이다. 정치적인 것은 "시니피에—다수로부터 사회계약의 주권자를, 그리고 소수로부터 자신의 '적당히 얼버무릴 만하고—적당히 얼버무려지고—유지된' 시니피앙을 만들어낸다"(123쪽).

바로 이러한 배경으로부터 시니피앙을 "적당히 얼버무리지" 말아야 하는 중요한 역할이 시학에서 시니피앙에 부여되면서(시에 부여된 것과 마찬가지로) 생겨나게 된다. 그러나 한편, 이와 같이 시니피앙의 우월성을 가정하는 메쇼닉의 전제 역시 크리스테바에 의해 노정되었던 단순한 전복을 실행할 위험을 지니고 있는 것은 아닐까? 리듬과 주체의 우월성 또한 마찬가지의 위험성을 지니고 있지는 않은가? 이원론에서 벗어나는 것은 쉬운 일이 아니며, 메쇼닉은 자신의 비판들(기호 비판, 리듬 비평 등등)에서 랑그에 반대되는 디스쿠르나 성스러움이나 기원에 반대되는 역사성 등등, 수많은 대립 개념들을 이원론을 벗어나기 위해 사용하였다.

논리적 난점에서 벗어나기 위해서 메쇼닉은 시니피앙스와 리듬이 모델을 이루며, 더 이상 시니피에의 운반자를 의미하는 시니피앙이 아니라 시니피앙이 '연속성에 대한 사유'라고 제안한다. 이와 마찬가지로 메쇼닉은 복수의 것들, "정리된" 모순들, 끊임없이 갱신되고 변형되는, 해결되지 않은 변증법적 방식을 제안한다. 이것이 바로 메쇼닉에게 있어서 주체를 전제하는 역사성이다.

조명

기호론과 상징론
(le sémiotique et le symbolique)

「리듬적 제약들과 시적 언어활동」(*Contraintes rythmiques et langage poétique*) (in 『폴릴로그』[*Polylogue*], 세이유, 1977, 437–465쪽)이라는 제목의 논문에서 크리스테바는 언어활동을 논리적 · 문법적 종합처럼 연구하는 현대 언어학에 발맞추어 억양과 리듬의 "전(前) 통사적"(따라서 전(前)–논리적) 기능의 존재를 가정하면서 리듬과 억양에 전념하는 작업들이 윤곽을 잡아가는 것을 관찰한다. 이와 관련된 보고서에서 출발하여 크리스테바는 "기호론"과 "상징론" 사이의 구분을 다음과 같이 제안한다 :

"우리가 진행한 고유한 관찰과 해석에 따르면, 통사의 출현 혹은 통사의 존재에 의해서 통시적이고(다시 말해서, 언어활동의 습득과정에서) 공시적으로(다시 말해서, 언표들의 구조 속에서) 나누어진 두 개의 의미하는 양태가 디스쿠르의 실행 속에서 작동한다는 사실을 추출해내는 작업이 가능해 보인다. 이와 같은 이해는 […] 통사적인 제약들(연대기적이고 논리적인)의 돌출 이전에 발화하는 미래의 음성적 흐름이 리듬적이고 억양적인 어떤 모델들에 의해 이미 조직되어 있다는 사실을 전제한다. 이것은 어머니나 혹은 주위의 미시 사회와의 관계 속에 내재되어 있으며, 더욱이 이 관계 속에서 발전된 모델의 일부는 차후에 전개될, 전적으로 통사적인 규칙들의 토대에 소용되며, 또 다른 일부는 이러한 규칙들을 넘어선다. 이 모델들은 모든 언표들에 고유하지만 특히 병리학적인 디스쿠르나 또 다른 시적 언어활동으로 구체화된 디스쿠르의 '상위–문법적인' 등재를 구성하는 데 소용된다. […]

디스쿠르의 작동기능 속에서, 의미하는 두 양태 간의 차이에 대해 보다 명료한 물음을 제시하기 위해서 우리는, 기호론이라는 용어를 내포적인 효과들을 생산하는 상위 분절의 경제성이라 상정하면서, 상징적 작동기능을 초월적인 에고에 의해 지탱된 외연적인 수적 종합으로 규정하였다."

II. 역사성과 역사주의

메쇼닉은 『리듬 비평』에서 역사성과 관련된 두 가지 개념을 아래와 같이 서로 구분한 바 있다 :

> 역사성은 두 가지 별개의 개념을 일컫는다. 역사성은 의미를 제공하고 의미가 결부된, 필연적으로 역사적인 전체로의 귀속을 뜻한다. 하지만 이와 마찬가지로 역사성은 역사 속에서 성스러움의 초월성, 신성(divin)의 초월성과 형이상학의 초월성에 대항하는 경험적인 특수성의 원리로서 능동적이고 수동적인 어떤 상황이다—역사성은 이것들과 주체와의 관계이기도 하다.
>
> (307-308쪽)

이러한 정의에서 구분된 첫 번째 개념이 일반적인 역사성 개념과 충분히 연관되는 데 비해서, 두 번째 개념은 메쇼닉의 시학에 보다 고유한 개념이라 할 수 있다. 시학은 어찌되었건 이 개념들과 서로 포개어진다.

이 일반적인 개념은 우선 모든 이론적 · 문학적 디스쿠르(이뿐만 아니라 다양한 디스쿠르)는 필연적으로 한 시기나 한 장소에 의해 제한된다는 사실을 의미하며, 이러한 관점은 이론에서 **오로지 '하나의 진리론'** 이나 **'하나의 초월론'** 이란 결코 존재하지 아니하며, 더욱이 시에서 안정적이고 변화하지 않는 **본질**이란 결코 존재하지 않는다는 사실을 전제한다 : "모든 사유는 정황에 관한 사유이다. 마치 시처럼"(*CR*, 20쪽). 바로 이러한 까닭에 "시학은 시와 시인을 탈신성화하며"(351쪽), 또한 시학은 이 양자를 양자 자신들의 상황 속에서 이해하는 작업에 해당되는데, 왜냐하면 디스쿠르가 실질적으로 실행되는 것은 결국 발화행위의 **상황** 속에서이기 때문이다. 메쇼닉은 "과학적 담화나 교육적 차원에서 집필된 글 혹은 에세이 등등, 그것이 무엇이건 간에 언어활동에 근거한 모든 발언들은 항상 일종의 전략이며, 또한 투쟁의 모습을 취하게 된다"(13쪽)고 주장하면서 한 걸음 더 멀리 내딛는다. 메쇼닉은 바로 이러한 전략들을 밝힐 목표를 시학에다가 부여하는 것이다 :

> 언어활동에 관한 역사적 사유와 비역사적 사유 사이에는 […] 균형이 존재하지 않는다. 예컨대, 비역사적 사유는 타자의 설정을 **거부한다**. 역사적 사유는 모든 전략들을 있는 그대로 이해하는 사유이다. 이 양자 사이에는 환원될 수 없는 충돌이 존재한다.
>
> (20쪽)

전략에 관한 메쇼닉의 연구는 바로 이러한 논리에 근거해서 작품이나 이론 속에서 비역사적인 사유를 드러내는 모든 지점들을 비판하는 데로 모아지게 된다. 따라서 모든 디스쿠르들과 마찬가지로 문학작품은 언어활동의 잠재적인 이론을 담보하고 있는 무엇처럼 전제된다.

메쇼닉의 시학에 놓여 있는 고유한 역사성의 정의로 우리를 안내하는 것은 바로 "역사 속에서 성스러움의 초월성, 신성의 초월성과 형이상학의 초월성에 대항하는 경험적 특수성의 원리와 같이 능동적이고 수동적인 상황"인 것이다. 역사성은 주체와 역사, 새로운 것과 옛 것 사이에 "유지된 모순"과 밀접한 관계가 있다 :

> 역사성은 단지 연대기적인 날짜만은 아니다. […] 역사성은 역설적으로 이러한 것에 과감히 등을 돌린다. 역사성은 계보들의 진척된 결과물, 그리고 이 계보들에 의해서 정의되지 않은 특정한 순간들을 유지하는 필연성을 지탱하고 있는 모순이다. 역사성은 이러한 특정한 순간을 벗어나는 행위, 우리를 만들어내는 특수성을 만들어내는 행위이다. 역사성은 특수성의 사회적 측면이다.
>
> (27쪽)

이러한 지적에서 나타난 마지막 언급에서 역사성은 상당부분 글쓰기의 실천에 의해 적용되며, 동시에 "특수성"에 의해서 주체의 현존을 수반한다. 주체의 의미는 현대성(modernité)의 의미와 밀접하게 연관되어 있다 : "~처럼 기술하지 않은 이후에 기술하는 행위. 현대성은 항상 나-여기-지금(je-ici-maintenant)이다"(27쪽). 또한 현대성은 글쓰기의 비평적 차원을 드러낸다(시학을 참조할 것). 현대성은 "규범처럼 취해진 과거에 대항하여 투쟁"하는 것이지 독창성을 추구하는 것은 아니다 :

> 의미와 닮아 있는 모든 것이나 독창성의 추구는 우연적이며, 개인-주체의 낭만주의 시대에 다소 덜 나타난다. 역사성은 따라서 역사적 의식은 아니다. 그것은 비평적 활동이다.

(27쪽)

따라서 현대성은 '새로운 것'을 위해서 새로운 것만을 추구하면서 자기 자신만이 유일하게 "실험을 감행한다"(62쪽을 참조할 것)고 믿는 '현대주의'(모더니즘)와 혼동되지 않는다. 메쇼닉에게 있어서 글쓰기의 비평적 역할은 글쓰기를 "기원의 형이상학"에서 벗어나게 하는 데 놓여 있다. 이러한 전망은 실천을 두 가지로 구분하면서 구체적으로 전개된다 :

> 만약 언어활동의 모든 실천이 언어활동 이론에 행동(action)을 부여한다고 제기한다면, 글쓰기의 실천들은 언어활동의 기원에 관한 형이상학의 역사성과는 완전히 다른 언어활동의 역사성, '살기-쓰기'(vivre-écrire)의 역사성의 실천들이다. 그것은 가치판단을 하거나 규범적인 입장을 취하는 것이 아니라 관건들을 이론적으로 인식하기 위해서, 그리고 이러한 인식 속에서 언어활동이 문제가 될 때 드러나는 주체의 위상들과 연관된 관건들인 것이다.
>
> (307쪽)

메쇼닉은 위에서 "가치판단을 하지 않는다"라고 언급했지만, 글쓰기들와 관련된 이러한 메쇼닉의 구분은 글쓰기를 또 다시 이원화하는 데로 귀결된다. 예컨대, 만약 역사성이 "계보들의 진척된 결과물, 그리고 이 계보들에 의해서 정의되지 않은 특정 순간들을 유지하는 필연성을 지탱하고 있는 일종의 모순"이라면, 문학이 어떻게 "기원의 형이상학"과 "살기-쓰기" 사이에 어떤 긴장을 부여하면서 설정되지 않겠는가?

일반적으로 역사성을 인용한 개념들, 즉 한 장소와 한 시대에 놓여진 디스쿠르들의 상황을 넘어서, 그리고 글쓰기의 사회성과 특수성 사이의 긴장을 넘어서 우리는 이러한 개념들을 완성시키는 또 다른 개념, 말하자면 "역사성은 글쓰기와 역사의 변수"(28쪽)라는 또 다른 개념을 발견하게 된다. 그것은 우리가 보거나(우리가 "밖에" 있는 경우) 보지 못하는 경우(우리가 "그 안에" 있는 경우)에 따라서 디스쿠르들과 역사적으로 맺고 있는 관계, 디스쿠르들을 지배하는 이데올로기적 가치들과 법칙들의 변화와 밀접히 연관되어 있다 :

> 문학적 실천들과 중첩된 과학적 · 교육적 디스쿠르들의 역사성들은 오로지 자신들의 한계에 의해서만 유지될 뿐이며, 그것은 과학적 · 교육적 디스쿠르들이 자신의 한계를 인지하지 못하는 만큼 더욱 그러하다. 이러한 한계들은 자신의 한계들 속에서만 유일하게 규칙을 정하는 타당성을 만들어낸다. 이러한 한계들이 한번 등장하고 나면 한 시기가 지나가고, 이때 오로지 이데올로기만이 남겨진다.
> (27쪽)

이는 역사에 관한 글쓰기가 항상 가변적이며, 또한 작품과 우리의 관계가 늘 변하기 때문이다. 예컨대 그것은 부활과 매장, 재발견과 망각이라는 이름으로 우리에게 알려진 현상일 뿐만 아니라 읽는 방식 속에서의 변화라고 알려진 현상이기도 하다 : "알랙상드랭[20] 시구는 롱사르 시대에는 산문을 만들어내었다. 즉 당시의 그 무엇도 오늘날보다 더 심한 운율법을 만들어내지는 않았던 것이다"

(28쪽).

이러한 논리는 다음과 같이 귀결된다 : "우리가 작품들을 읽는 것은 작품 자신의 시대에 작품이 속하기 때문인 것도, 작품의 있는 그대로의 상태인 것도 아니다. 만약 그렇게 생각한다면, 그것은 역사주의와 역사성을 혼동하는 것이다"(351쪽). 이 마지막 역사주의와 역사성의 구분은 메쇼닉 이론에서 결정적인 역할을 한다 : "역사주의는 여기서 기호이론의 또 다른 버전을 의미한다. 역사주의는 의미를 결정짓는 사회적 · 역사적 조건에다 의미를 축소시키는 행위를 가리킨다"(30쪽). 따라서 역사주의에서 디스쿠르의 주체는 상실되고 마는데, 그 까닭은 역사주의에 의할 때 모든 것은 전적으로 역사와 사회에 의해서 **결정되기** 때문이다. 뿐만 아니라 역사주의에서는 읽기의 주체 역시 설정하게 되고 또한 결정되게 되는데, 그 까닭은 이 경우 읽기의 주체는 박식함에 의존해서 시대의 진리를 발견했노라고 스스로 확신하게 되기 때문이다 : "역사주의는 오로지 언어활동과 역사에 대한 망각에 다름 아니다. 관찰자 없이 역사주의는 그 어떤 것도 묘사할 수 없다. 결국 역사주의는 관찰이 항상 관찰하는 행위를 변형시키는 어떤 관계라는 사실 자체를 망각할 뿐이다"(30쪽).

---

20 알랙상드랭은 정형시구의 한 형식으로서, 통상 12음절로 구성되었다고 알려져 있으나 프랑스 시구가 8음절을 넘어설 경우 반드시 한 번 이상의 휴지를 취한다는 코르뉴리에의 이론(『시구이론 : 랭보, 베를렌, 말라르메』(*Théorie du vers : Rimbaud, Verlaine, Mallarmé*, Seuil, 1982)이 알려진 이후에는 6음절+휴지기+6음절로 이루어진 정형시구로 인식되었다. [역주]

III. 시적 주체

메쇼닉에 있어서 **주체**는 근본적으로 문학적 실천 속에 존재한다. "시적 주체"에 관한 사유는 "시의 민주주의"(*PRPS*, 9쪽)를 의미하는데, 이는 "글쓰기의 주체를 통해서 드러나고 해체되는 것이 모든 주체의 위상을 뜻하기 때문"(*EP*, 42쪽)이다.

"시의 민주주의"를 이루기 위해서 이러한 주체는 사회와 대립된, 즉 고립된 개인이어서도 안 되며, 반면 사회에 의해서 전적으로 결정되는 무엇이어서도 안 된다. 연작 『시학을 위하여』 초기에서는 정신분석학 · 사회학 · 언어학 사이의 접점이 설정되어 있는 듯했다. 하지만 작품을 연차적으로 발표하면 할수록 글쓰기의 주체에 관한 메쇼닉의 이론작업은 이러한 분야들에서 차츰 멀어진다. 한편, 이 주체 개념은 완벽하거나 온전히 포착될 수는 없는 개념이며, 늘 불안정하며, 빠져나가는(달아나버리는) 측면을 제기하면서 성립되는 개념에 속한다. 메쇼닉 자신 역시 "주체의 시학은 필연적으로 부정적인 시학이다"(*PRPS*, 189쪽)라는 점을 인정한다.

어찌되었건 시적 주체 개념은 명백히 벤브니스트가 주창한 **발화행위, 디스쿠르의 주체**에 토대를 두고 있다. 시적 주체는 이러한 주체의 연장이자 일종의 변형인 것이다 :

조명

생트-뵈브 반박론

『생트-뵈브 반박론』(*Contre Sainte-Beuve*)에서 프루스트는 생트-뵈브에게 있어서 문학비평의 토대를 이루는 결정론적 · 전기적 개념 설정을 질타하고, 작가의 자아는 사회적인 자아로 축소될 수 없다는 점을 제기한 바 있다.

"생트-뵈브의 작품은 심오한 작품은 아니다. 유명한 그의 방법론은, 텐느(Taine)에 의하면, 폴 부르제(Paul Bourget) 씨와 수많은 다른 사람들에 의하면, 그 어디에도 비할 데 없는 19세기 비평의 스승을 작품에서 만들어낸다. 인간과 작품을 구별하지 않는 데 달려 있으며, 만약 그것이 순수한 기하학 요약집이 아니라면 한 책의 저자를 판단하는 데 무관심하지 않으며, 자신의 작품에 가장 낯설게 등장하는 물음들에 우선적으로 대답하는지의 여부(작품이 어떻게 처신하는가 등등)를 고려하는 데 달려 있으며, 한 작가에 관해 가능한 모든 정보들로 에워싸이는 데 달려 있으며, 작가의 편지들을 일일이 조회하는 데 달려 있으며, 작가를 알고 있는 사람들을, 만약 그들이 아직 생존한다면 그들과 이야기하고, 만약 그들이 죽었다면 작가에 관해 그들이 기술한 것들을 읽으면서 심문하는 데 달려 있는 이러한 방법론은, 우리 자신이나 약간 더 심오한 친구와 같은 존재들이 우리에게 가르쳐주는 것이 무엇인지를 결코 인식하지 못한다. 예컨대, 하나의 책이 우리의 습관, 사회, 그리고 우리의 악습들 속에서 우리가 표출하곤 하는 자아와는 또 다른 자아의 생산물이라는 사실을 인식하지 못하는 것이다. 만약 우리가 그것을 이해하고자 노력한다면, 이러한 자아는 우리 자신 속에서 그것을 재창조하려고 노력하는 가운데 우리가 거기에 도달하는, 우리 자신의 가장 깊숙한 곳에 있다는 사실을 알게 된다. […]

어떻게 스탕달의 친구가 되었다는 사실이 스탕달을 보다 잘 판단하는 기준이 된단 말인가? 친구가 되었다는 사실은, 이와는 반대로, 오히려 스탕달을 이해하는 데 방해가 될지도 모른다. 동료들을 위해서 작품을 생산하는 자아는 수많은 사람들의 외적 자아를 감당하지 못할 타인에 의해서 방해를 받게 된다."

「생트 뵈브 반박론」, 『에세이와 논문들』(*Essais et articles*)의 앞에 실린 부분, 갈리마르, 1971, 221－222쪽.

[주체]는 언어활동의 작동기능, 상호 교환이 가능한 발화행위의 **주체**(je 나)이다. 언어학적 구상에서 문학으로 넘어오면서 주체는 발화행위의 수행자의 용법에서 디스쿠르 전체의 체계로서의 조직화(organisation)로 확장되게 된다. 발화행위의 주체는 어떤 관계를 뜻한다. 주체는 '개개의 것' (l'unique)과 '사회적인 것' (le social) 사이의 변증법이다. 언어학적 · 문학적 · 인류학적 개념은 개별화의 역사에 속하는 것이며, 문화적이고 역사적인 개념인 개인의 개념과 혼동되지 말아야 한다.

(*CR*, 72쪽)

바로 위의 지적에서 첫 번째 구분이 발생한다. 예컨대, 글쓰기의 주체는 개인이 아니라는 구분이 바로 그것이다. 이러한 지적을 통해 메쇼닉은 프루스트 이후 "생트－뵈브 반박론"(98쪽 〈조명〉을 참조할 것)에 찬성한 또 다른 이론가로 자리매김한다.

디스쿠르에 토대를 둔 벤브니스트적 주체는 사유와 언어활동 사이의 구분을 없애버린다. 벤브니스트적 주체는 "초월적 자아", "그 자체로의 현존"(présence à soi)이나 의식의 영속처럼 인식된 철학적 주체와 혼동되지 않는다. 왜냐하면, 디스쿠르의 언어학에 따르자면 "발화하는 주체("나")와 "주체("나")"가 말을 거는 타자("너")는 매번 유일하기 때문이며"(벤브니스트, 『일반언어학의 제 문제

1』, 230쪽), 이처럼 나와 너는 "발화행위가 실행되는 매 순간 새롭게 생성되기 때문이다"(벤브니스트, 『일반언어학의 제 문제 2』, 83쪽). 관계로써의 주체는 고립된 어떤 내면성처럼 인식될 수 없는 것이다.

한편, 메쇼닉에 따를 때 시적 주체는 정확하게 벤브니스트적인 발화행위의 주체를 의미하는 것은 아닌데, 그 까닭은 "매 순간 모든 사람들이 이러한 주체이기 때문"(*PRPS*, 190쪽)이며, 이러한 벤브니스트적인 발화행위의 주체는 어떤 문법적인 단위들, 예를 들어 인칭, 지시소, 동사의 시제 등등을 의미하는 발화행위의 수행자들과 밀접하게 연관을 맺고 있기 때문이다. 벤브니스트적 발화행위의 주체와는 달리 글쓰기의 주체는 디스쿠르 전체를 체계로 조직하는 힘을 의미한다.

또한 메쇼닉은 자신의 개념이 언어활동, 특히 문학적 언어활동에서 "주체성의 표식들" 연구를 표방했던 케르브라-오레키오니와 같은 "발화행위의 언어학자들"의 그것을 포괄하는 것은 아니라고 상세히 지적한다. 우선 이러한 메쇼닉의 지적은 매우 이례적이라 할 수 있는데, 그 까닭은 "모든 것은 언어활동에서 주관적이다"[21]라는 케르브라-오레키오니의 주장이 "디스쿠르에서 모든 것을 '체계'처럼 조직하는 행위"라 전제하는 주체성 개념에 매우 근접해 있는 듯 보이기 때문이다. 한편, 케르브라-오레키오니는 "지시적 주체성"(랑그에서 '여기와 지금')과 "정의적(情意的) 혹은 감정

21 케르브라 오레키오니(Kerbrat-Orecchioni), 『발화행위. 언어활동에서 주체성에 관하여』(*L'énonciation. De la subjectivité dans le langage*), Armand Colin, 1980, p. 148.

적 주체성"을 서로 구분하면서 "주체에서 개인으로의" 이행을 근본적으로 개조한다 :

> 벤브니스트와의 거리 유지는 주체성에 대한 완전히 다른 개념을 야기하였다. 주체성 개념은 견해의 판단 표현의 여러 가지 다양한 형식들(암시적으로 : 이것은 아름답다, 명시적으로 : 나는 이것이 아름답다고 생각한다)에 달려 있다. 벤브니스트에게 있어서 디스쿠르의 문법, 즉 내적 주체성에 비해 우리는 거기서 어떤 외적 주체성을 목격할 수 있다. 이것은 **무엇에 관해서 말하는 행위**(le parler de)의 모든 주체성이다.
>
> (메쇼닉, *SB*, 50쪽)

예를 들어, 메쇼닉은 벤브니스트가 발화자의 정동성(情動性 affectivité, 감정변화의 측면)이나 견해, 발화자에 대한 가치 판단을 표시하거나 이것에 관해서 언급하는 단위들, 그리고 디스쿠르의 내적 관계망들 같은 것이 아니라, 오히려 고립된 단위들에 대해 사고하였다고 지적하면서 벤브니스트를 비판한다. 메쇼닉에 따르면, 이와 같은 방식으로 언어활동에서 "심리적 주체"(심리적 내면성)와 그것의 "표현"이 "다시-분리된다." 이와는 반대로 메쇼닉에 있어서 글쓰기의 주체성은 작품의 체계에 의해서 구축되며, 한편 이것은 오로지 정동(affet, 감정)과 가치론(axiologie)에만 관계되는 것은 아니다 :

> 문학적 · 시적 특수성은 따라서 하나의 디스쿠르가 생산할 수 있는 제약들(차원이나 소위 "장르"라고 하는 것에 따라 가변적인)의

> 최대치이다. 오로지 "역사"—의식이나 의도가 아니라—만이 디스쿠르가 체계를 이루게끔 할 수 있을 뿐이다. 주체(je)의 체계는 자유도, 의지도, 선택도, 거부도 아니다. 그것은 '말하기를 원하기' (un vouloir-dire)가 아니다. 그것은 '예측 불가능한 무엇' (imprédictible)이다 ….
> (*CR*, 86쪽)

그렇다면 위에서 "자유도, 의지도, 선택도, 거부도" 아니라고 제시된 부분이 메쇼닉에게 있어서 전적으로 규명되고 있는가? 반드시 그렇다고 할 수는 없는데, 그 까닭은 메쇼닉에게 있어서 주체와 역사성 개념은 주체와 사회의 분리뿐만 아니라, 마찬가지로 이 둘의 융합 또한 피해갈 것을 목표로 삼기 때문이다. 예를 들어, 마르크스적 주체는 주체와 사회의 지나치게 밀접한 융합 때문에 자주 비판받아 왔다. 메쇼닉은 주체가 "예측 불가능한 무엇"이며, 따라서 예측 불가능한 언어활동인 시는 "우리 자신보다 우리에 관해서 훨씬 오래 전에 인식해 왔던 무엇"(87쪽)이라고 말한다. 어떠한 결정과 어떤 '미지의 무엇'이 메쇼닉의 이러한 판단에 관여하는가? 정신분석학적 주체의 무의식이 그것들인가? 오늘날 메쇼닉은 "정신분석학의 비주체의 주체만큼이나 의식하고 자발적인 주체를 벗어나는, 하지만 다른 방식으로 벗어나는"(*PRPS*, 201쪽) 주체에 관해 언급한다. 환자의 말의 "내용"보다는 환자의 발화행위, 즉 환자의 말하는 방식에 보다 전념하는 프로이트의 방법론은 벤브니스트가 목격하였던 주체의 "디스쿠르적" 이해에 근접해 있다 :

> 만약 그[분석가]가 환자가 그에게 이야기한 전부나 심지어 환자가

> 목적 없이 우연히 발설한 행위를 필요로 한다고 한다면, 그것은 분석가가 환자의 기억 속을 제외하고는 그 어디에서도 결코 기록되지 않을 경험적인 사실을 다시 발견하기 위해서인 것은 아니다. 예컨대, 그 이유는 경험적인 사건들은 역사적 현실을 고려하지 않고도 경험의 진정성을 자신들에게 부여하는 "디스쿠르" 속에서, 그리고 "디스쿠르"에 의해서만 오로지 분석가에게 현실을 보여줄 수 있기 때문이며, 이러한 사실은 비록 디스쿠르가, 주체가 주어진 전기를 회피하거나 바꾸거나 고안한다고 해도(특히 이 점을 언급해야만 한다) 그런 것이다.
>
> (『일반언어학의 제 문제들』, 77쪽)

마찬가지로 메쇼닉은 연작 『시학을 위하여』의 처음 몇 권에서 종종 디스쿠르의 주체와 정신분석학을 서로 연관짓곤 하였다 : "[언어학]을 이데올로기를 벗어남이 명백한 어떤 과학처럼 제기하는 행위는 검열과 결핍이 이중적으로 존재하는 주체와 사회적인 것, 정신분석학과 변증법에다가 언어학의 토대를 마련하는 것이다" (*PPII*, 29쪽). 그러나 한편 오늘날 메쇼닉은 이 두 가지를 서로 구별하는데, 그 까닭은 다음과 같다 :

> 정신분석학의 그 어떤 개념들도 '의미하기의 방식'과 '특수하게 문학적인 활동방식'을 이해하게 허용하지 않는다. 그것은 오로지 정신분석학 자체를 위해서만 고안된 것일 뿐이다. 언어활동에 관해서는 그저 단순하게 행동거지에서 목격되는 말실수와 결함들이 '기원'이라는 용어, 즉 '기저들'이라는 용어들로 포착되었을 뿐이다.
>
> (*PRPS*, 274쪽)

정신분석학은 "작동기능을 기원에" 결부시키면서 "문학으로 변형된 것이 아닌, 즉 누구에게나 일어나는"(275쪽) 가족소설이나 사랑 문제에서 발생한 장애나 병리학 따위를 설명할 수 있을 뿐인 학문인 것이다.

하지만 정신분석학과 시학의 "주체들" 사이에는 몇 가지 접점들이 아직 남아 있다. 예를 들어 양자 각각은 시니피앙과 굳게 결속되어 있다. 하지만 전자에서 시니피앙은 오로지 "위기들의 약호"(codage des crises)일 뿐이며, 후자에게 시니피앙은 구성의 장소, 즉 주체가 생성됨으로 인해 구성되는 장소이다. 전자도 후자도 자기 자신과 항구적이며 동일하게 "통일되어 있는 것"은 아니다. 하지만 전자는 "균열되고" 파편화된 무엇처럼 정의되는 데 비해서 후자는 "복수의 무엇"처럼 고찰된다.

『리듬의 정치. 주체의 정치』에서 메쇼닉은 주체 개념의 어원과 역사를 명확하게 분석한다. 메쇼닉의 어원탐구는 본래적인 진리와 연관된 연구가 아니라 일종의 주해작업에 해당되는데, 그 까닭은 "이 모든 역사, 그리고 어원이 지니는 무게는 그 자체로 주체 개념이 긴장을 유지하는 가운데 발생한 어떤 수동적인 의무, 즉 대립된 가치들이 서로 충돌하여 만들어낸 수동적인 행위에 해당되기 때문이다"(*PRPS*, 198-199쪽). 메쇼닉은 우선 이러한 '수동적인 행위'라는 의미가 지속적으로 반복되어 왔다는 사실을 관찰한다. 메쇼닉은 그리스어 *to hupokeimenon*이 "주춧돌", "토대", "원칙"을 의미하였으며, 라틴어 *subjectum*는 "굴복하는", "종속된", "노출된"을 의미하며, 심지어 중세 라틴어에서는 "복종"을 지칭했던 수동적인 의미였다는 사실을 밝힌다. 이처럼 또한 『백과전서』(*Encyclopédie*)에서 발견되는 것은 "왕의 주체"이다. 메쇼닉은 이어서 주체 개념에서 **수동성**과 **능동성** 사이의 **긴장상태**를 강조한다. 예를 들어, 이러한 긴장상태는 '주체'라는 단어와 '객체'라는 단어의 관계에서도 나타난다고 메쇼닉은 말한다. 수동적인 축에 대한 능동적인 축처럼 서로 대립—예를 들어, 인식의 주체와 인식의 객체 따위—되는가 하면, 전적으로 동화되는 경향—"결부되어 있는 것"을 지칭할 때—을 보인다. 한편 메쇼닉은 "어떠어떠한 객체"나 "정념과의 관계에 놓여 있는 외적 긴장"이 바로 이러한 내적 긴장에 추가된다고 지적한다 :

> 그것은 **주체**가 이중적인 긴장을 의미하기 때문이다. 즉 주체가 지배하는, 지배하지 않은, 주체를 지배하는, 심지어 주체가 사회와 "인간"에 대한 개념의 역사를 각인시켰던 충돌의 **장면**인, 어떤 **행위**의 **현장**(théâtre)이고 **우화**(fable)이며 동시에 **장본인**(auteur)이기 때문이다.
> (199쪽)

메쇼닉은 「역사의 주체를 사유하기」(*Penser le sujet de l'histoire*)[22]에 대한 엘리자베스 귀베르-스레지우스키의 작업을 언급하면서 주체분석을 개진한다. 메쇼닉은 "엘리자베스 귀베르-스레지우스키는 벤브니스트의 역사 주체 개념에 관련된 사유를 매우 훌륭하게 계승하였다"라고 언급한다. 다음 몇몇 구절은 메쇼닉에 의해서 인

22 『오늘날 주체를 사유하기』(*Penser le sujet aujourd'hui*) sous la direction d'E. Guibert-Sledziewski et J.-L. Vieillard-Baron, Méridiens-Klincksieck, 1988.

용되었던 부분들이다(*PRPS*, 200쪽) :

> 우리가 주체로 태어나는 것이 아니다. 우리는 세계를 역사로 재현하면서 주체가 되는 것이다.
>
> (『오늘날 주체를 사유하기』, 216쪽)

> 세계는 오로지 인간들이 주체가 될 때에 한해서 역사가 된다.
>
> (같은 책, 217쪽)

메쇼닉은 이 여성 역사학자가 정의한 주체를 다음처럼 지적한다. 그리고 우리는 이러한 지적을 메쇼닉이 제기한 시학의 주체에도 적용할 수 있을 것이다 :

> 자기 자신의 주체로 종속된 주체의 답보상태를 변형시키면서 주체의 토대를 구축하는 본래의 긴장, 주체의 모호성을 고려하는 자가 바로 주체를 이룬다.
>
> (200쪽)

이러한 까닭은 "뮤토스"(muthos)의 주체도 플롯의 주체도 아닌 "에포스"(epos)의 주체와 목소리의 주체로 정의될 시학의 주체는 "타자들과의 투쟁이 되기 전에 자신과의 투쟁"(359쪽)이거나, "자기 자신으로 도래"하거나 "끊임없이 탄생"하는, "심지어 주체에서 주체로 이르는 일치의 완성"을 이룬다고 언급되기 때문이다. 게다가 주체는 위고의 "시인들은 예언자가 되는 것에 두려움을 느낀다"는 말에 대답하는, 즉 **보기를 감행하는 행위**, 두려움을 거쳐서 보기를 감행하는 행위"(360쪽)를 뜻한다.

바로 여기서 나르시시스적 "자아"가 아니라, 독자에 의한 '이행적-주체성'의 동인인 "시적 주체"의 윤리적 차원이 나타나게 된다 :

> 시의 활동성은 전체 텍스트에서 하나의 **나**를 만들어내고, 거기서 독자의 **나**를 변형시킨다. 그렇기 때문에 독자는 참여한다. 심지어 독자가 이러한 연속적이고 감염성이 있으며, 역사적이자 이행-역사적이며, 이행-주체적인 새로운 **나**에 관해서 알지 못한다 하더라도.
>
> (*CR*, 192쪽)

시는 "시가 무한히 또 다른 주체들을 고안함에 따른 주체의 고안"(*PRPS*, 9쪽)으로 정의된다. 그러나 어디로 이러한 감염이 경유하는가? 시의 주체성은 '문법적인 주체(나)'(je grammatical)의 현존이나 부재와는 하등 아무런 상관이 없다. 시의 주체성은 작품의 체계에 의해서 만들어지며, 작품의 체계는 **시니피앙스**(프로조디, 시니피앙스를 참조할 것) 속에서 실현된다. "시니피앙에 의해 생산된 의미작용"(*SP*, 512쪽)을 뜻하는 시니피앙스는 형식의 표현성과 혼동되는 것이 아니라 의미의 모든 과정을 포괄한다. 시니피앙스의 "감염"은 재-발화행위와 발화행위만큼이나 언어활동이 몸(corps)과 맺고 있는 관계에도 빚지고 있다. 한편 메쇼닉은 자신의 시학에서 거의 모색되지 않았던 전제라 할 수 있는 이러한 관계를 이후 보다 구체적으로 이론화하지는 않는다 :

> 가장 어려운 것은 글과 디스쿠르의 조직 속에 있는 몸이 무엇인가를 알아보는 것이다. […] 이것은 분명한데, 왜냐하면 리듬이 시보다 더 커다란 역할을 할 때 몸이 언어활동에서 보다 많이 연루되게 되기 때문이며, 몸은 가장 많이 말하며, 특히 가장 많이 의미작용의 방식들을 변형시키는 의미하기의 방식이기 때문이다. 리듬은 언어활동이 몸으로부터 포착하는 시간의 주체화 과정이다.
>
> (*CR*, 655쪽)

만약 우리가, 파롤이 수용이나 디스쿠르의 생산 속에서 역할을 수행한다고—의식적이건 무의식적이건—믿는다면, 우리는 **프로조디**를 다룬 부분에서 이러한 관계 중 과연 어떤 부분들이 파롤의 유기적인 결합과 연관될 수 있는가를 목격하게 될 것이다.

한번 더 말하자면, '미지의 무엇'을 인식하고 고안하는 작동기능을 예술에 부여한 메쇼닉의 이론에서 개념들은 미완성된 부분을 간직하고 있다. 때문에 우리는 주체의 이러한 "미리 예측할 수 없는 성질"이 지니는 어려움에 직면할 수 있으며, 혹은 이와는 반대로, 열린 가능성 또한 그곳에서 목격할 수도 있다. 이러한 부분들을 보다 용이하게 이해하기 위해서 어찌되었건 우리는 프로조디와 시니피앙스, 그리고 리듬 개념을 살펴보아야 할 것이다.

프로조디, 시니피앙스

I. 시니피앙스

기호의 이원론에 반대하면서 메쇼닉은 특히 벤브니스트의 시니피앙스 개념(맥락을 볼 것)을 토대로 '연속성의 의미론'을 제안하는 동시에 프로조디와 리듬 개념을 토대로 시니피앙스에 시학적 "승인"을 부여한다.

물론 메쇼닉 외에 몇몇 문학 이론가들 역시 시니피앙스라는 용어를 사용하였다. 미카엘 리파테르(M. Riffaterre)는 의미와 시니피앙스를 독서에 대한 두 가지 형식의 산물로 구분한 바 있다. 리파테르에 따르자면, 첫 번째 시니피앙스는 텍스트에 의해 제공된 정보에서 멈춘다. 이 시니피앙스는 모방적이며 지시적이다. 두 번째 시니피앙스는 소급적이며, "모든 의미"와 내적 연관관계를 형성한다. 예컨대 이 두 번째 시니피앙스는 텍스트에서 "형식적인 동시에 의미적인 하나의 단위"(『시의 기호학』[*Sémiotique de la poésie*], Seuil,

1983, 13쪽)를 목격하는 시니피앙스이며, 텍스트의 통합적 질서에도, 텍스트의 정보적 차원에도 종속되지 않는다 : "텍스트의 진정한 시니피앙스는 형식에서 형식으로 이어지는 지시대상의 일관성에 달려 있으며, 말하는 방식의 지속적인 변화에도 불구하고 텍스트는 텍스트가 말하기를 다시 반복한다는 사실에 달려 있다"(『텍스트의 생산』[*La Production du texte*], Seuil, 1979, 76쪽). 쥘리아 크리스테바는 "제한되지 않고 결코 닫히지 않은 생성, 언어활동 속에서 그리고 언어활동을 통해서 무엇인가를 향하는 충돌의 쉼 없는 작동기능, 교환과 언어활동의 주역들에서, 그리고 교환과 언어활동의 주역들을 통해서 무엇인가를 향하는, 예컨대 주체와 그것들의 제도들"(『시적 언어활동의 혁명』[*La révolution du langage poétique*], Seuil, 1985, 15쪽)을 시니피앙스라 부른다. 이러한 시니피앙스는 "랑그의 작업"과 연관되어 있으며, 조직된 랑그에서부터 심지어 의미를 생산하는 능력에 이르기까지 충동적인 무엇을 지향하는 어떤 운동을 전제한다.

이 두 학자의 이론에서 시니피앙스 개념은 '시니피앙–시니피에–지시대상'의 수직적 관계로서의 기호를, 지금 이 순간 발생 중에 있으며 텍스트의 구조화와 연관되어 실행 중인 의미작용에 관한 사유로 대치할 것을 목표로 한다. 리파테르에게는 독서에서의 생산, 크리스테바에게는 글쓰기에서의 생산이 바로 그것이다. 이 두 가지 경우 모두 선적 단위로서의 언어학적 기호에서 벗어나는 동시에 "파라그람"(paragrammes)에 주목할 것을 요구한다. 여기서 "파라그람"이란 시간에서 요소들의 질서 밖에서 형성되는 "단어나 명사의 음성적 환원관계"를 의미하는 소쉬르의 애너그램에서 영향을 받은 개념이다(맥락을 참조할 것). 리파테르는 애너그램을 "의미론적 파라그램", 즉 "단위들이 생성되는 텍스트보다 더욱 작은 의미의 단위들로부터의 확장"(『텍스트의 생산』, 76쪽)으로 확대한다. 크리스테바는 "파라그람의 망을 시적 언어활동에서 문학적 이미지를 고안한 **표 모델**(선적이 아닌), 의미의 중층결정(pluridétermina-tion)을 지칭하는 역동적이고 공간적인 도표(사용언어의 의미론적·문법적 규범들과는 상이한)"라고 부른다(『의소분석을 위한 연구』[*Recherches pour une sémanalyse*], Seuil, 1969, coll. Points, 123쪽).

만약 크리스테바의 그것과 마찬가지로 리파테르의 시니피앙스가 기호학적인 개념을 벗어난다고 한다면, 한편 이 두 가지 입장은 모두 시를 의사소통의 언어활동에다가 대립시킨다는 측면을 지닌다. 메쇼닉이 볼 때 이 두 이론가에게 문제가 되는 것은 여전히 "기호의 패러다임"과 밀접히 연관된 이원론인데, 그 까닭은 이러한 "반-도구주의" 또한 항상 도구주의를 수반하면서 성립될 뿐이기 때문이다(역사성과 주체를 참조할 것). 크리스테바와 리파테르처럼 메쇼닉의 시니피앙스 개념 역시 **사행**과 **시니피앙**, 그리고 **선적이지 않은** 작동기능에 상당한 중요성을 부여하지만, 한편, 메쇼닉의 시니피앙스 개념은 시적 언어활동과 지시적 언어활동 사이의 대립을 토대로 성립되지는 않는다.

시니피앙스 개념을 가장 심사숙고한 경우에 해당된다고 할 수 있는 메쇼닉의 고찰은 시니피앙스를 "시니피앙에 의해 생산된 의미작용"(512쪽)으로 정의한 「시니피앙과 시」(*Le Signifiant et le poème*)(*SP*, 508-519쪽)에서 발견된다. 시니피앙은 여기서 의미의 "물질적

운반자"로 정의되는 것이 아니라, 지금 현재 생성 중인 역동성을 강조한 "시니피에 동사(의미하다 동사)의 현재분사"로 간주되었다. 시니피앙스는 시니피앙–시니피에의 이분법적인 분리를 전적으로 '무효화' 할 것을 목적으로 하는 "복합적인 시니피앙"으로 정의되며, 이때 메쇼닉이 제안한 시니피앙스는 아래의 지적에서 목격되는 것처럼 디스쿠르 개념과 떨어지래야 떨어질 수 없는 관계를 맺게 된다:

> 어떤 랑그–문화에서 기호의 자의성이란 우주적인 질서를 벗어나 자기 자신을 지시하는 언어활동의 작동기능을 의미한다. 그것은 공통된 척도도 경계도 없는 또 다른 질서이다. […] 이러한 자기 지시 대상의 내부에서, 심지어 문화의 변수이기도 한 변수 속에서 형태론적 · 관계적 수행성(performativité)은 시니피앙과 시니피에의 대립을 전적으로 무효화한다. […] 이러한 무효화는 억양 · 음운론 · 형태론 · 통사(단어들의 순서) · 디스쿠르의 조직(카프카에 있어서 완화의 미립자들) 등등, 모든 언어학적 수준에서 언어활동의 재현적 기능을 디스쿠르와 연관짓는다. 따라서 하나의 시니피에에 대립된 하나의 시니피앙이 존재하는 것이 아니라, 복합적이고 구조적이며 사방에서 의미를 만들어내는 단 하나의 시니피앙만이 존재할 뿐이다. 하나의 시니피앙스(시니피앙에 의해 생산된 의미작용)는 자신의 순서를 맞아 디스쿠르의 체계 속에서 순간적이고 문맥상의 의미작용과 상호작용하는 가치–단위일 수 있는 단위에서부터 요소들에 이르기까지 끊임없이 만들어지는 중이거나 해체되고 있는 중인 것이다.
>
> (512쪽)

이와 같은 메쇼닉의 지적 속에는 "디스쿠르 속에서는 모든 것이 함께 의미한다"는 사실이 정당화되는 듯하다. 그럼에도 불구하고 소쉬르가 언급한 "전통적인 하위 구분"[23](어휘론, 통사론 등등)에 대한 거부와 마찬가지로 시니피앙-시니피에, 이 양자의 분절을 거부하는 이같은 메쇼닉의 태도는 때때로 메쇼닉이 전제한 개념들에 어떤 불분명함을 부여하는 듯하다. 예를 들어, 만약 시니피앙스가 "시니피앙들에 의한 의미생산"이며, 더욱이 모든 것이 시니피앙이라고 한다면, 이러한 의미생산을 정확히 묘사하기에는 어려움이 따를 것이다. 그렇다면 메쇼닉에게 있어서 시니피앙스를 특징짓는 것은 과연 무엇인가? 시니피앙스는 모든 디스쿠르의 작동기능인가 혹은 문학적 작동기능인가? 한편, 메쇼닉의 연구에서 시니피앙스는 특히 프로조디와 리듬에 의해서 다루어지고 있으며, 빈번하게 의미작용의 프로조디와 리듬의 방식들을 가리킨다.

어찌되었건 우리는 여기서 어떻게 "사방에서 의미를 만들어내는" 이러한 "복합적인 시니피앙"이 사물들의 충만함을 지칭하며 비어 있는 기호들의 형이상학으로부터 벗어날 수 있는가를 이해하게 된다. 예컨대 언어활동의 특수성으로서 시니피앙스는 "대화하는 사회와 주체의 논리적 · 문화적 복수성"(509쪽)을 이루고, 바로 이러한 사실로부터 시니피앙스는 벤브니스트의 "발화행위의 시니피앙스"로 또 다시 다가가는 것이다. "우주적 질서를 벗어나서", 다시 말해서 '시니피앙-시니피에'와 '기호-사물'의 대체관계를 벗어

23 소쉬르는 "전통적인 하위 구분'을 비판한다. 소쉬르가 기호학을 기호 자체가 아니라 공시적이고 통괄적인 관점에서 기호들이 맺는 관계에 대한 연구여야 한다고 지적한 것도 바로 이러한 맥락에서이다. [역주]

나서 "자기 자신을 지시하는 언어활동의 작동기능"을 사유한다는 것은 스스로에게 닫혀 있는 언어활동의 엄밀한 내재성 속에 머문다는 것을 의미하지는 않는다. 그 까닭은 언어활동이란 늘 하나의 '상황' 속에 등록되기 때문이다. 디스쿠르의 **시니피앙스**는 언어활동과 주체들, 그리고 세계의 관계를 '무엇인가를 대신하거나 대체하지는 않은' 방식으로 다룬다. 이것이 바로 시니피앙스를 설명하게 도와주는 또 다른 개념, 즉 **디스쿠르의 유관성** 개념이다.

II. 유관성, 자의성과 협약

언어활동과 세계와의 관계—음성과 의미, 혹은 음성 · 의미와 세계를 결합시키는 관계—는 언어활동 이론에서 핵심적인 문제로 여겨진다. 역사는 이러한 관점들로부터 하나의 공통된 사실을 드러낸다. 유명한 플라톤의 대화 『크라틸로스』(*Cratyle*)에서 제시된 것이 바로 그것이다. 우리는 플라톤의 대화편에서, 한편에서는 말과 사물 간의 관계의 부재와 협약을 고수하는 헤르모게네스를 발견하고, 또 다른 한편에서는 언어활동과 세계 사이에 본질적으로 구축된 관계, 즉 유관성을 신봉하는 크라틸로스를 발견한다. 대화의 심판관인 소크라테스라는 인물은 이쪽 편을 방어해 주기도 하고 저쪽 편을 방어해 주기도 하지만, 문답법이 해결되지 않은 채 지체되고 있다고 마지막으로 잘라 말하면서 자신의 입장을 방어할 뿐이다. 크라틸로스에 관한 모순된 주해들과 상당수의 해석들, 이와 마찬가지로 크라틸로스를 중심으로 펼쳐졌던 복합적인 논의들은 모두 이러한 문제가 왜 역사적으로 쉽게 사라지지 않는 주제인가 하는 이유, 그리고 이 문제가 근본적인 인류학적 문제들에 관여한다는 사실을 잘 보여준다.

유관성에 대항하여 변론을 펼치는 논거들은 상당수에 이르며, 현대 언어학은 오히려 소쉬르 이후 단호하게 '자의성'의 측면을 고수하고 있는 것처럼 보인다. 하지만 유관성은 계속해서 우리를 사로잡는다. 이 가운데 중세부터 오늘날에 이르기까지 철학자·문헌학자·시인들의 이론들에서 흉내에 관한 복합적인 욕망 이야기를 만들어내는 것은 바로 『미몰로지. 크라틸로스로의 여행』[24]에서 전개된 제라르 주네트의 견해이다. 주네트에 따르면 특히 오늘날 시학들에서 유사성을 선호하는 경향이 목격된다. 주네트의 작품은 이 점을 상세히 다루고 있다 :

> 현대의 시적 의식은 매우 광범위하게 등가성과 유관성에 의해 지배된다. […] 우리는 유사한 관계를 선호하는 세 가지 차원을 도처에서 다시 발견한다. 시니피앙들 사이(동음이의 현상, 유음중첩 현상 등), 시니피에들 사이(은유), 시니피앙과 시니피에 사이(모방적 동기화)가 바로 그것이다.
>
> (313쪽)

24 제라르 주네트(G. Genette), 『미몰로지. 크라틸로스로의 여행』(*Mimologiques. Voyage en Cratyle*), Paris, Seuil, 1976.

일상적인 디스쿠르에서 "의사소통의 도구"를 만들어냈던 것과는 반대로 시에서 우리가 빈번하게 본성, 사물들의 현존과 본질, 몸, 충동 등등과의 관계를 맺게 해주는 언어활동을 만들어낸 것은 사실이다.

이러한 반-도구주의적 이해를 전면 부정하는(역사성과 주체, 「기호 비판」을 볼 것) 메쇼닉은 소쉬르 · 자의성 · 작동기능, 그리고 역사성의 측면에 위치한다. 『리듬 비평』의 「우주적 모방」(617-642쪽) 장은 일반적인 언어활동만큼이나 시에 관해서도 모방적이고 본질주의적 이해에서 파생된 효과들에 반대하는 일종의 규탄을 주요 내용으로 삼고 있다. 여기서 메쇼닉은 특히 '본성화하는' (naturalisant) 운율학들과 음성적 상징성을 바탕으로 한 다양한 변이들을 차례로 공격한다. 한편 시니피앙의 우월성에 동의하는 메쇼닉의 이론은 몇몇 유사한 타입들, 예를 들어 문채(글 무늬, figure)와 프로조디 개념을 지탱하는 동음이의 현상에 중요한 자리를 부여하기도 한다. 메쇼닉은 자주 시니피앙들에 의한 프로조디적이고 리듬적인 유관성을 언급한다.

사실상 플라톤의 대화에서 등장하는 소크라테스를 흉내내어 메쇼닉은 헤르모게네스의 입장도 또한 크라틸로스의 입장도 아닌 또 다른 입장을 발견하려 노력한다. 메쇼닉은 이러한 점을 『목소리 속의 본성』이라는 제목이 달린 샤를 노디에(Ch. Nodier)의 『의성어 사전』(*Dictionnaire des onomatopées*)의 재판(再版) 서문에서 설명하고 있다. 이 서문에서 메쇼닉은 '협약주의-본성주의' 사이의 대립이 전통이론에 속하며, 또 다른 이원론을 구축한다고 주장할 뿐만 아니라, 유관성과 자의성을 동시에 사고하면서 역설적인 모습을 지니는 "언어활동과 이론들을 양분화하는 작업들을 전적으로 재고할 필요성"이 존재한다고 주장한다. 따라서 왜 메쇼닉이 이러한 '대립적이고 이원론적인 용어들'을 거부하는지, 나아가 그가 어떻게 이러한 대립에서 벗어나는지를 살펴볼 필요성이 대두되는 것이다.

사상의 공유는 늘 동일한 방식으로 형성되지는 않는다. 오늘날 메쇼닉은 언어활동에 관한 고찰영역을 다음과 같이 규정할 것이다. 메쇼닉에 따르면, 한편에는 "본성-진리-시니피앙"의 문학가 · 정신분석가 · 시를 다루는 철학자들의 영역이 존재할 것이며, 또 다른 한편에는 "협약"이 화용론 · 디스쿠르의 논리학 · 언어학 쪽으로 결집될 것이다(*NV*, 41쪽을 참조할 것).

메쇼닉은 '협약주의자들'이 언어활동 이론들을 늘 사로잡았던 유관성의 욕망에 대해서 어떤 설명도 하지 않는다는 사실, 더욱이 이러한 욕망의 이유를 설명할 수조차 없다는 점, 그럼에도 심지어 이러한 문제를 과감히 없애버릴 수는 없다는 사실을 강조하면서 이들을 다음과 같이 비판한다 :

> 이론 언어학 또한 체계에 의해서도 구조에 의해서도 모방의 회귀를 결정적으로 줄이는 데는 성공하지 못하였다. 협약과 본성 사이의 한계는 오로지 언어과학과 문학적 실천들 사이에서 나타날 뿐이며, 이러한 한계는 기호의 자의성을 둘러싸고 차츰 증가하는 다양한 이의제기에 의해서 구조주의의 내부에 정착된다. 또한 이러한 한계는 소쉬르의 애너그램 노트가 발견되었을 때 소쉬르 자신의 내면에서 이미 사유되었던 것처럼 나타났다. 따라서 미메시스는 범람하게 되

> 었다. 라캉의 어떤 시기를 기점으로 프랑스에서 정신분석학은 몇몇 이론가들에 있어서 무의식으로 추정된 언어활동의 일반화된 기계적 모방주의를 적용하기 시작하였다.
>
> (44쪽)

정교한 과학적 인식론을 추구하면서 협약주의자들은 결국 자신들이 설명할 수 없는 현상들을 자신들의 연구영역 밖으로 추방하였던 것이다.

메쇼닉은 모방주의자들에게서 역사성의 부정(否定)을 비판하는 동시에 하나의 어떤 변수를 보편적 현상으로 착각하면서 문화적 지배의 전략으로 귀결될 수 있는 영원성과 유사성을 추구하는 행태들도 비판한다 :

> 모방의 원리는 보편적이다. 따라서 경험성을 넘어서거나 그 위에 존재한다. 이에 대한 반증은 마치 믿음 앞에선 이성주의처럼 실패로 귀결될 뿐이다. 왜냐하면 본성의 원리가 차이를 넘어서는 것이기 때문이며, 본성의 원리가 유사성의 원리이기 때문이다. [···] 본성의 보편은 언어적 보편처럼 소개되지만 그것은 결코 언어적 보편은 아니다. 왜냐하면 언어적 보편은 이와는 반대로 '경험적'이기 때문이다. 그것은 하나의 우주적 보편이다.
>
> (*NV*, 27쪽)

본성의 보편적인 측면을 주장하는 자들은 이것이 경험적이지 않다고 말한다. 예컨대 노디에는 **모든 언어**에서 "코"(nez), "입"(bouche), "이빨"(dent), "혀"(langue), "목구멍"(gorge)은 모방적이며, 그 까닭은 이 단어들이 초기 자음("코"의 비음[鼻音], "입"의 양순음[兩

脣音], "이빨"의 치자음[齒子音] 등등, 『의성어 사전』의 「코」 항목을 참조할 것)을 생산하는 신체기관의 이름을 칭하기 때문"이라고 말한다. 이와 같은 부분을 반박하고 설명하는 과정에서 메쇼닉은 이러한 원칙에 적용되지 않는 여러 언어들을 인용한다. 예를 들어, 아즈텍 족 원주민들의 토착어인 네화틀어(nahuatl)로 입은 "camatl", 목구멍은 "toquech"이다(*NV*, 27쪽을 볼 것).

더구나 모방이론들은 일반적으로 '단어들의 이론'을 의미한다. 디스쿠르를 우선시하는 『리듬 비평』의 저자 메쇼닉은 단어에 의한 유관성 모델들이 왜 작동하지 않는지 그 이유를 설명한다. 이러한 유관성 모델들 가운데 그라몽(Grammont)의 음성 상징주의처럼 의미를 음소에다가 할당한 몇몇 이론들은 단어의 의미를 추출하거나—그라몽은 "유동성(liquidité)과 미끄러짐(glissement)"(『프랑스 시구』[*Le vers français*], 136쪽)을 표현하는 /l/이 "강물"(fleuve) 속에서 흐르는 반면 "꽃"(fleur)에서는 흐르지 않는다고 정당화한다(*CR*, 630쪽을 볼 것)—혹은 유관성을 "억지로 꾸며내는" 메타언어를 고안할 뿐이다 :

> 이러한 본성은 분절적·음성적 차원인 동시에 그것을 지칭하는 용어들, 은유화된 이후에 실현되는 **용어들**이다. 지시대상은 메타언어에 의해서 만들어진다. "뾰쪽한"(aiguë)의 모음들은 "뾰쪽함(acuïté)의 인상"(그라몽, 『프랑스 시구』, 236쪽)이며, 여기서 "우리가 뾰쪽하다고 여길 수 있는 '심술궂은 언행'(méchanceté)"(247쪽)이 발생한다. 이렇게 해서 "귀청을 찢는"(éclatantes)의 모음들은 "그 용법에 있어서는 귀청을 찢는 잡음의 표현에 부과된다. 예컨대, **귀청을 찢는**이라

는 단어에다가 단어의 표현을 부과하는 것은 바로 모음들인 것이다.
(271쪽) (*CR*, 631쪽)

이들은 빈번하게 자신들이 생각한 것보다 커다란 디스쿠르 단위의 단어들에서 유관성을 추출한다. 메쇼닉은 노디에를 인용한다. "조종(弔鐘 glas)이 "막 사망한 성직자를 위해 울리는 날카로운(glapissant) 종소리"라는 정의에, 메쇼닉은 시인이 이미 시를 자기 자신의 내부에 소유하고 있는 것이 아니라면, "왜 하필 시인이 오로지 성직자를 위해서만(다른 어떤 사람들을 위해서가 아니라) 종을 울리게 하겠는가"라고 자문을 한다. 여기서 조종(glas), 날카로운(glapissant), 종(cloche), 성직자(ecclésiastique)의 /kl/ 혹은 /g/의 패쇄음[25]과 유자음[26]의 쌍형들로 이루어진 음성적 계열에 따라 유관성을 이루는 것은 음성 그 자체가 아니며, 그것은 다름 아닌 바로 디스쿠르인 것이다.

이처럼 메쇼닉이 언어적 유관성의 본질이라고 파악하는 것은 바로 디스쿠르의 유관성 그 자체이며, 이러한 디스쿠르의 유관성은 따라서 자의성과 대립될 수 없는 것이다. 자의성을 거부하는 입장은 언어활동이 그 기원에서부터 본성(육체 혹은 사물들)의 모방에 의해 그 토대가 만들어졌다는 입장을 취할 것이다. 이와는 반대로 자의성을 수용하는 입장은 소쉬르를 계승하면서, '기원'이라는 용어를 통해 사유하는 것이 아니라, 랑그의 작동기능들 중에 가능

25 [p], [t], [b], [d], [g] 따위. [역주]
26 [l], [R] 따위. [역주]

한 하나처럼 유관성을 고려하면서 작동기능이라는 용어를 통해 사유한다는 사실을 전제할 것이다 : "언어는 그 어떠한 것도 동기가 부여되지 않는 곳에서는 존재하지 않는다. 예컨대 모든 것을 거쳐서 이루어지는 장소에서 오직 하나만을 인식하는 것은 정의하기조차 불가능할 것이다"(『일반언어학 강의』, 183쪽).

메쇼닉에 있어서 이러한 유관성이 모든 언어들에 있어서 동일한 것이 아닐 뿐만 아니라, 하나의 디스쿠르에서 또 다른 디스쿠르에까지도 동일한 것은 아닌데, 그 까닭은 보다 정확히 말해서 유관성을 구축하는 것은 다름 아닌 바로 디스쿠르 자신이기 때문이다. 게다가 유관성은 본성, 사물들, 육체의 모방이 아니라 항상 시니피앙에 의해 만들어진 단어들 사이의 관계의 총체인 것이다. 이러한 관점은 장 피에르 브리세의 예에서 다음과 같이 정확하게 제시된다 :

> 브리세는 전통적인 의미에서 의성어를 만들어내지 않았다. 한편, 브리세의 단어분석은 단어들이 의미하는 사물들이 아니라, 유음중첩 현상과 거기에 투사한 근사치들에 의해 그가 의미하게 만든 음성에 따른 모방이다.
>
> (NV, 51쪽)

연합을 통해 구축된 음성학적이고 형태론적인 다양한 변형에 의해서 "벌어진"(béant)이란 단어는, 예를 들어 "추방"(ban), "띠"(bandeau), "포기된"(abandonné), "연회에 참석하였다"(on banquetait), "붕대로 싸매었다"(on bandait) 등등을 의미하게끔 약속되어질 것이다[27] (122쪽의 〈조명〉을 참조할 것).

조명

디스쿠르의 유관성(Motivation de discoure) : 장 피에르 브리세의 예

사법 경찰관이었던 장 피에르 브리세(J.-P. Brisset, 1857-1923)는 생 세르주 앙제 보호소의 감시관으로 재직했으며, 그곳에서 언어교육을 담당했다. 그는 생의 상당부분을 『논리문법』(*La Grammaire logique*), 『신의 미스테리는 완수되었다』(*Le Mystére de Dieu est accompli*), 『신의 과학 혹은 인간의 창조』(*La Science de Dieu ou la Création de l'Homme*), 『인간의 기원』(*Les Origines Humaines*) 등등, 언어의 기원에 관한 연구로 소개될 만한 작품들을 집필하는 데 할애했다(이 저서들은 빈번히 자비로 출간하곤 하였다). 놀랄 만한 언어의 발명과 고안을 보여주는 이 작품들은 상당부분 언어연구 그 자체보다는 '장광설' 이나 '독창적인 창조' 를 연구의 대상으로 삼았다. 앙드레 브르통(A. Breton)은 자신의 블랙 유머 선집에 브리세를 포함시켰으며, 푸코는 「제7의 천사에 관한 일곱 개의 소고」 연구를 브리세에게 헌정하기도 하였다. 푸코의 이 논문은 『인간의 기원』의 재판(再版)에 들어 있다.

LE BÉANT(벌어진 것)

Ouvrez le beant, le ban. Béant d'ai haut, mets le bandeau. Je te l'ai à béant donné, abandonné. Jeu m'ai à béant, d'ai on noeud ; je m'abandonne. On béant queue t'ai, on banquetit. On béant d'ai, on bandait. Haut béant, hauban. Fore béant, forban. Béant d'ai eu vreu, banc d'oeuvre [···][28]

『인간의 기원』, 보두앙, 1980, 77쪽.

27 이 프랑스어 단어들은 모두 /b/와 /an [ã]/과 음성적으로 연관되어 있다.

28 "béant"이라는 프랑스어 단어에서 온갖 유사음을 바탕으로 유추한 단어들을 동원하여 새로운 문장과 문법을 창조의 예를 보여준다. 문법적으로나 의미적으로 이해가 쉽지 않지만(따라서 유사음의 질서를 살리면서 번역이 불가능하지만) 부라사의 지적처럼 "연합으로 구축된 음성학적이고 형태론적인 다양한

다시 말해서 언어활동이 본성이나 사물을 "모방한다"고 한다면 그것은 디스쿠르의 창조 덕분인 것이지, 기원처럼 간주된 "본성적인" 작동기능 덕분인 것은 결코 아닌 것이다. 예컨대 유관성은 세계나 사유 등등을 이해하고 살피는 하나의 방식인 것이다 :

> 본성은 그림 속에 그것이 존재하는 것과 마찬가지로 언어활동 속에도 존재한다. 본성은 보는 방식들에 의해서 보여지고 그려지며, 또한 의미하는 방식들에 의해서 들리거나 말해진다. 의성어를 표현하기 위한 독일어의 용어는 *Klang-Tonnachahmung*(음성의 모방)과 *Lautmalerei*(음성의 그림), 이 둘을 서로 연결짓는다. 문화적인 오해와 착각은 우리가 어떤 그림과 어떤 대상을 재현하며, 또한 언어의 모방효과가 어떤 대상의 소리나 본질을 재현한다고 우리로 하여금 믿게 만들었던 것이다. 그러나 이는 그려진 대상과 그림, 그림의 "주제"와 그리는 방법을 서로 혼동하는 것이다. 이러한 혼동은 우리가 주제를 지각하게 되는 것이야말로 바로 관점과 청취를 통해서라는 사실과 우리가 그림이나 디스쿠르에서 우리 바로 앞에서 취하는 것이 바로 관점과 청취라는 사실을 망각했기 때문에 발생한다. 디스쿠르는 우리가 그림이나 디스쿠르에서 우리 바로 앞에서 취하는 청취이며, 이러한 청취의 관점이다.
>
> (*NV*, 48쪽)

바로 이런 까닭에 우리는 심지어 디스쿠르에서는 "본성의 효과들"

변형에 의해서" 창조된 새로운 언어적 경험을 제시해 보인 경우이자 시니피앙의 질서가 어떤 방식으로 작동하는지를 보여준 대표적인 경우라 할 수 있다. [역주]

조차 역사성과 밀접하게 연관되어 있다고 할 수 있다. 유관성은 여기에 국한되지 않는다. 특히 메쇼닉이 "프로조디"라 부른 무엇에 의해 유관성이 생산되는 것과 마찬가지로 유관성은 "주체의 체계"가 될 수 있을 것이다.

III. 프로조디 개념

"언어의 자음적 · 모음적 조직"(*PPIV*, 27쪽)으로 정의된 프로조디는 리듬과 함께 시니피앙스의 핵심적인 요소로 여겨진다. 게다가 프로조디는 리듬이 폭넓은 수용을 바탕으로 고찰될 때에는 리듬에 속하기도 한다(리듬을 참조할 것).

프로조디에 새로운 정의를 부여하기 위해서 메쇼닉은 또 한 번 프로조디의 통상적인 개념들을 검토하는 작업에 착수한다. 통상적이긴 하나 의미가 하나 이상인 개념에서 출발한다고 할 수 있다. 과거에 프로조디는 라틴어나 그리스어 텍스트의 결구와 시작법에서 양(量 quqntité)에 대한 물음들, 다시 말해서 모음의 지속(durée)이나 단음과 장음 사이의 대립 체계들을 지칭했었다.[29] 보다 폭넓게 이 단어는 오늘날 프랑스 운율법과 각운에서 음절에 관한 대다수의

29 앙리 모리에(A. Morier)의 『시학과 수사학 사전』(*Dictionnaire de poétique et de rhétorique*), PUF, 1989, 4e éd. 968쪽.

문제들을 이해하는 근간으로도 이용되어 왔다. 하지만 현재 프로조디의 의미는 보다 일반적이면서도 언어학적으로 변화를 겪은 상태이다. 모리에는 "마치 발아(發蛾)의 비음적 분절처럼 엑스트라-음성학적 · 문체론적 변이들인 강도 · 빈도 · 멜로디의 높이와 음성적이거나 분절적인 측면들" 등과 같은 요인들을 나열하면서, "의미중심주의에서 벗어나 언표에 관여하는 요소들의 집합"을 프로조디라고 제시한다. 아리베, 가데, 갈미슈도 이와 유사한 정의를 제안한다 : "우리가 프로조디라는 말을 통해서 지칭하는 것은 음소로서의 분절을 벗어나는 음성학의 영역이다."[30] 즉 억양(intonation) · 어투(débit) · 강세화(accentuation) · 톤(ton) · 휴지(césure) 등등을 가리키는 용어가 바로 프로조디라는 것이다. 이 두 가지 경우, 프로조디 개념은 '음운론'을 벗어나 '음성학적인 무엇'을 드러내게 된다. 예컨대, 프로조디에 관한 위 두 가지 접근은 프로조디적 현상을 "초분절적인 것"처럼 간주하게끔 몇몇 언어학자들을 유도하거나, 프로조디적 현상을 언표와의 관계에서 불필요하며 부차적인 무엇처럼 취급하게 유도할 것이다.

우리는 메쇼닉이 제안한 프로조디의 정의에서 프로조디의 일반적인 정의를 발견하는 한편, 보다 제한된 정의 역시 동시에 발견하게 된다. 프로조디의 일반적인 정의는 가장 널리 통용되는, 그리고 현재 수용되고 있는 정의에 근접해 있다 :

---

30 A. Arrivé, F. Gadet, M. Galmiche, 『오늘날의 문법』(*La grammaire d'aujourd'hui*), Flammarion, 1986, 577쪽.

> 프로조디는 어원상 "말에 첨가되는 가락(chant)" (오통 리에만[Othon Riemann]과 메데릭 뒤푸르[Médéric Dufour] (1893), 『그리스 리듬과 운율론』[*Traité de rythmique et de métrique grecques*], Armand Colin, 16쪽)처럼 이해되어 왔다. προσωια는 προσάδεται ταλλαβαiς이다. 다시 말해서 오히려 "음절과 함께 노래하는", 음절에 추가되기보다는 음절과 동반되는, 문자 그대로 라틴어 accentus, canto에 관련된, 즉 '노래하기' 로 번역되는 무엇인 것이다. 『음악사전』(*Dictionnaire de la musique*)은 시구에서의 프로조디에서 "모음들의 연속을 야기하는 멜로디"를 제안한다. 그러나 프로조디는 초과분(잉여분)을 뜻하는 것이 아니라 어떤 동반을 의미하며, 단지 모음에서 뿐만이 아니라 모든 음절, 즉 시구뿐만 아니라 디스쿠르 전체에서의 강세와 억양을 의미한다. 따라서 프로조디는 문장을 전제하게 된다. 프로조디는 운율적인 춤, 그 이상의 무엇을 의미하는 것이다.
>
> (*CR*, 1982, 260쪽)

'동반'에 대한 위와 같은 은유는 초과와 대립한다. 리트(lied 가곡)에서 동반은 장식적인 무엇이 아니라 리듬과 작품의 하모니, 그리고 구조에 존재하는 어떤 특징을 지칭한다. 마찬가지로 문학에서 프로조디는 결코 부수적인 무엇이 아니라 의미작용에 기여하는 개념적인 위상을 지니는 것이다.

두 번째 수용은 메쇼닉이 프로조디를 "모음적 · 자음적 조직"으로 정의한 경우이다. 또한 이러한 프로조디의 정의는 메쇼닉의 고찰과 분석에서 가장 빈번하게 사용된다. 메쇼닉의 프로조디 정의는 전통적으로 음성과 의미를 분리하는 관점과 전적으로 대립되는

정의라고 할 수 있다 :

> 언어활동 속에서는 음성이 존재하는 것이 아니라 오로지 의미만이, 즉 시니피앙스만이 존재하며, 의미의 비어 있음이 아니라 어린아이들의 세계처럼 새롭게 형성되고 해체되며, 상호소통하거나 감추어진 체계들만이 존재한다. 이러한 것들이 바로 기호의 이원론적 도식을 경험적으로 붕괴시킨다. [⋯]
>
> (*CR*, 259쪽)

메쇼닉에 의해 비판된 이와 같은 일련의 이분법적 분리현상을 이해하기 위해서 우리는 『기호와 시』뿐만 아니라 『각운과 삶』 속의 「언어활동이 음성도, 의미도 아님을 드러내기 위한 다섯 가지 교훈」을 참조할 것이다. 음성성(sonorité)에 의해서 단어들의 연합적 작동기능을 만들어내는 "표현성"과는 또 다른 어떤 형태를 보다 중시하기 위해 메쇼닉은 러시아 형식주의자들이 남긴 선례에 따라, 세르지오 카펠라가 각각 장식적이고 상징적이라 부른(맥락과 130-131쪽의 〈조명〉을 볼 것) 음성적 시니피앙의 두 가지 개념을 서로 대립시킨다. 이러한 작동기능 속에서는 모든 것이 음운론적이며, 아래 위고 시 연구의 예에서 설명되고 있는 것처럼 순수한 음성이란 결국 존재하지 않게 되는 것이다 :

Être sa propre dupe! ah! fi donc! verres pleins,

◠ ″
— ◡ — ◡ ◡ — ◡ — ◡ — ◡ —
Poche pleine, et rions, la France rampe et s'offre ;

> 강세의 포화상태는 탈운율화하는데(운율을 벗어나는데), 그것은 강세의 포화상태가 '말하기'와 소위 '감정적인' 강세현상을 결합시키는 […] 어떤 동기를 특권화하기 때문이다. 이러한 강세의 포화상태는 심지어 표현성조차 모든 프로조디적 조합의 망에서 비롯되었다는 사실을 증명하며, 극단적으로 촘촘한 프로조디적인 구축을 보다 명확히 드러내게끔 도와준다. 따라서 이러한 조합이 오로지 "음성적"이라거나 소리에만 해당된다고 말하는 것은 더 이상 가능하지 않게 된다. [위의 위고의 시구에 등장하는] *propre dupe*, *verres pleins*, *Poche pleine*, *rampe*의 /p/에 의한 계열의 근접현상, 그리고 *Être*, *propre*, *verres*, *rions*, *France*, *rampe*와 *s'offre*의 /R/에 의한 계열의 근접현상은 더 이상 음성적인 근접이 아니라 바로 음운론적인 근접이라 할 수 있다. 이러한 접근현상은 가치가 도처에 존재하는 의미론적 체계를 구축한다.
>
> (*PPIV*, 233–234쪽)

이러한 연합성은 "체계"의 특질을 텍스트에 부여하게 하는데 기여한다. 메쇼닉은 아폴리네르의 표현 "개인적인 프로조디"(prosodie personnelle)에 의거해서 이러한 체계를 언급하는 것을 보다 선호한다 : "만약 우리가 시인의 작품들 각각에서 어떤 개성을 찾는다고 한다면 우리는 결국 '개인적인 프로조디'들과 만나게 되며, 이러한 사실에 우리는 크게 놀라지 않을 것이다"(아폴리네르, 「장 루와이에르」[*Jean Royère*], 『보병부대』[*La Phalange*], 1908년 1월, 메쇼닉의 『리듬 비평』의 267쪽에서 인용된 부분).

메쇼닉은 프로조디를 "언어활동 속에서 문화적이고 개별적인 주체의 등재—시니피앙의 결합성, 단어들의 재료 속에 있는 기억의 주체성"(*MAS*, 40쪽)이라고 기술한다. 바로 여기서 프로조디 · 몸 · 정동성(감정변화)(**역사성**과 **주체**를 참조할 것) 사이에 어떤 관계가 설정되는 듯하다. 메쇼닉은 어느 지점까지는(『리듬 비평』, 654-655쪽을 볼 것) 앙드레 스피르(A. Spir)(『시적 쾌락과 근육의 쾌락』[*Plaisir poétique et plaisir musculaire*], 1949, 1986년 조제 코르티 출판사에서 재출간되었다)에 의해서 제안되었으며 1927년에 토마쉐프스키 역시 다음과 같이 가정했던 청각 · 분절 · 글쓰기 · 읽기 사이의 상관관계를 인정한다: "지각은 내적인 디스쿠르를 수반하며, 우리의 의식 속에서 환기된 이미지들은 분절적인 실현에 복종한다"(토마쉐프스키, 『문학 이론』(*Théorie de la littérature*), 토도로프 번역, 세이유, 1965, 59쪽). 한편 이러한 상관관계는 이반 포나지(I. Ponagy) 역시 생각했던 것이다. 포나지는 "발성의 충동적인 기저"를 드러내려 애쓴 바 있다. 스피르와 포나지가 음성에서 항상 음성의 '분리'를 전개하였으며, 의미에 앞서는 무엇에 음성을 회부하거나, 전적으로 개별적인 정동성이나 충동에 의거해 해석된 음성의 분리를 전제할 뿐이었던 것과는 정반대로, 메쇼닉은 프로조디를 "단어들의 문장들-속에서-단어들과 분리될 수 없는 무엇"(*PPIII*, 294쪽)으로 정의하는 것이다. 이처럼 메쇼닉에게 있어서 만약 프로조디가 "단어들의 재료 속에 있는 기억의 주체성"을 의미한다면, 이러한 주체성은 육체적 · 감정적 · 인지적 · 문화적 · 역사적인 무엇과 불가분의 상태에 놓이게 된다.

조명

음성적 시니피앙의 장식적 · 상징적 개념들

세르지오 카펠로에 따르자면 음성적 · 리듬적 시니피앙에 대한 고찰은 장식적인 개념이 한 축을 이루고 상징적인 개념이 또 다른 한 축을 이루는 문화적 전통 속에서 결정되어 왔다:

"수사학과 플라톤적 개념과의 관계 속에서 역사적인 관점에 따라 구축된 전자는, 음성적 조화라는 기준에 의거해 통합체적 조직에서 균형 · 비율 · 대칭을 평가하는 형상들을 추출하려는 목적 하에 음성적인 차원을 고려할 뿐이다. 장식적인 개념은 음성적 요소들의 다양하고도 가능한 구성인자들 중에서 오로지 조화음의 틀로 진입하는 구성인자들만을 선택하며, 이와 같은 방식으로 쾌감의 원천을 이루는 장식이 만들어진다. 이때 음성의 형태는 근본적으로 내용과 단절되어 있음을 전제로 삼게 된다. 디스쿠르의 작동기능에 대한 총체적인 관점을 결여한 상태에서 고립되어 고찰된 이러한 음성적 형상들은 쾌감의 기능적인 장식을 만들어내기 때문에 오로지 이 개념의 내부에서만 의미를 취할 뿐이다.

상징적 개념은 음성적 시니피앙에서 상징적 · 의미론적 가치의 직접적인 발현을 목격한다. 이러한 개념은 시니피앙의 청각적이거나 분절적인 특성들이 자신들의 상징적인 가치들을 표현하는 것처럼 보일 때만 오로지 (그것이 음성이건 음소이건 간에) 시니피앙의 요소들로 고려할 뿐이다. 하지만 우리가 몇 차례에 걸쳐 지적했듯이, 주어진 한 편의 시 분석에서 이러한 가치들의 분배는 사실상 어휘적인 맥락에 의해서만 결정될 뿐이다. 왜냐하면 이것들의 가치들은 결국 문맥상의 의미론적 산물이기 때문이다. 분명히, 공감각의 개별적인 현상들이나 시니피앙의 충동적인 집중현상은 늘 가능한 것이며, 그것들은 틀림없이 한 텍스트가 생산되거나 수용될 시에 왕성하게 활성화된다. 하지만 그렇다고 해도 주어진 어떤 텍스트에서 의미가 만들어지는(sémantisation) 이러한 과정을 증명하는 일이 쉬운 것은 결코 아니다. 장식적 개념에서와 마찬가지로 음성적인 것 역시 전체 디스쿠르적인 작동기능 안으로 편입되지 않는다. 의미와 분리되어서 음성적인 것은 심지어 이러한 분리를 가능하게 하는 직접적인 의미생산 과정에 의해 기생할 수 있을 뿐이다."

『음성적 망과 의미, 시에서의 음성-의미적인 상호작용』(*Le réseau phonique et le sens, L'interaction phono-sémantique en poésie*), Bologne, CLUEB, 1990, 15-16쪽.

IV. 프로조디 분석

음소들의 연합성—반복 현상들—에 의한 시니피앙스의 생산을 전제하는 즉시 우리는 두 가지 중요한 난점에 직면하게 된다. 우선적으로 언급할 수 있는 것은 디스쿠르의 모든 조각들은 불가피하게도 그 분석이 무한에 이를 수 있는 상당수의 음성적 반복을 동반한다는 사실이다. 따라서 여기에 타당한 계열들을 어떻게 선택할 것인가라는 난점이 자연스럽게 대두되게 된다. 또 다른 한편으로는 음성에 의해 결합된 시니피앙들 사이에서 의미론적 관계는 과연 무엇인가 라는 문제, 그리고 이러한 관계를 어떻게 주출해낼 것인가라는 문제가 대두된다.

한편, 메쇼닉은 비록 이 모든 난점들을 해결하는 것은 아니지만 분석의 이정표를 설정하게 도와주는 원칙들과 기법들을 제안한다.

체계(système 시스템)

우선, 작품의 체계(디스쿠르와 시학을 참조할 것), 그리고 이러한 작품의 체계가 특수한 가치를 생산한다는 전제를 상기해야만 한다. 이러한 사실은 상호작용 속에서 가치들을 창조하는 음성적 · 의미론적 집합들의 선택도 마찬가지로 전제한다. 그렇다면 이러한 가치가 어떻게 형성되는가?

이를 살펴보기 위해서 체계의 개념으로 다시 돌아오는 게 유용할 듯하다. 세르지오 카펠로는 러시아 형식주의자들(특히 트이냐노프)에게 나타나며 오늘날 메쇼닉에게서 다시 발견되는 디스쿠르에 대한 체계적인 관점에서의 이해와 그 특성을 훌륭하게 추출해 낸 바 있다. 비록 메쇼닉이 체계 개념을 근본적으로 소쉬르의 그것에서 출발하여 만들어낸 바 있지만, 리듬 · 프로조디 · 디스쿠르를 "의미–형식"으로 이해하는 관점은 상당부분 러시아 형식주의 학파에게 빚지고 있는 부분이라고 할 수 있다.

텍스트의 구조적 관점에서 볼 때 반복현상(예를 들어, 음성적 반복현상)은 "등가성"이나 "대칭적 조화"와 같은 부가적 작동기능에 의거해서 사고되어 왔다. 예컨대, 그것은 대략적으로 말해서 야콥슨의 입장이었다고 할 수 있다. 그러나 한편, '체계적인' 관점에서 볼 때, 이 등가성이나 대칭적 조화 개념은 텍스트에서는 결코 존재하지 않는 개념이기도 한데, 그 까닭은 카펠로가 다음과 같이 지적하듯이 체계적인 관점이 "서로 다른 요소들과 수준들이 통합된 전체의 작동기능 속에서 상호작용을 한다는, 상호작용적인 이해에 토대를 둔"(『음성적 망과 의미』, 38쪽) 관점을 의미하기 때문이다. 트이냐노프는 시구를 "모든 요소들이 상호적인 상관관계로 자리 잡은 구성물"(『시구 그 자체』, 39쪽)로 간주한 바 있으며, 그 역할이 시구 자체를 "변형시키는 데 놓여 있는" 리듬의 지배에 토대를 둔 구성물이 바로 시구라고 사유한 바 있다. 따라서 "변형"은 의미론적 '역동화'(dynamisation)를 상정한다. 트이냐노프의 이러한 사유에는 음성적 반복현상이나 심지어 각운 속에서도 대칭적 조화는 존재하지 않는다는 의미가 포함되어 있다. 그 이유는, 한 요소에서 또 다른 요소로의 반복관계는 다른 요소에서와 마찬가지로, 심지어 한 요소에서도 의미작용의 약화 · 강화 · 돌출 · 삭제 등을 초래할 수 있기 때문이다.

메쇼닉이 제시한 "특수한 가치들"의 개념은 규범과의 관계에서의 "이탈"을 뜻하는 것이 아니라, 의미의 여러 단위들 간의 상호작용처럼 이해해야 할 트이냐노프적인 "변형" 개념에 상당히 근접해 있다.

우리는 메쇼닉이 「보들레르의 "가을의 노래"」(*PPIII*)의 분석에서 이러한 개념을 적용한 예를 살펴볼 수 있을 것이다. 메쇼닉은 우선 "대(大)단위들"의 수준에서 프로조디적 연쇄들—반복현상들—을 연구하는데, 이것은 『악의 꽃』에서 각운에 사용된 음소들, 특히 각각 시의 마지막 시구에서 사용된 음소들을 고찰한다는 것을 의미한다. 메쇼닉은 "체계(시스템)를 형성하는" /R/의 계열들을 추출하는데, 이는 "연속체들, 특히 형제(frère)와 지나치게 늦게(à trop tard)와 같은, /R/의 자음적 · 의미론적 군(群)"이 **외침**(cri)과 **외침의 발화행위**(énonciation du cri)처럼, 그리고 내면화의 생성과정(깊은[profondes], 활기를 잃다[languir], 무거운[lourds], 추억[souvenir], 회한[remords], 절망[désespoir]—**가슴**[cœur], **죽음**[mort], **검은**[noir]의 반복과 함께)처럼 집결되기"(*PPIII*, 294쪽) 때문이다. 메쇼닉은 이러한 계열을 음성적 종결음의 계열과 서로 대립시킨다. 메쇼닉에 의하면, 음성적 종결음 계열은 분산된 질서를 이루며, "시니피앙의 공통적인 요인으로 귀결되지 않은 무엇, 혹 그렇지 않다면 자음적 계열과 비교할 때 부정적으로 각인된 몇몇 지점들일 뿐"(294쪽)이라고 파악한다. 이 경우 "변형"은 몇몇 공통적인 특질에 가치를 부여하는 작업에 귀속되며, 마찬가지로 감염(내면화의 생성과정, 외침의 발화행위)에 의한 일종의 특질들의 조합에 속하는 듯하다. 한편, 메쇼닉의 분석에서 단위들 사이의 상호작용 방식은 세밀하게 묘사되지는 않았다. 하지만 시 「가을의 노래」 속의 /R/들의 체계는 "변형"의 과정에 대해 보다 명확한 설명을 제시할 수 있는 원인을 제공한다 :

> 의미론적으로 I–IV[31] 전체에서 '겨울의 장'(場)과 '죽음의 장'으로 구분되고, V–VII 전체에서 '여인의 장'과 '사랑의 장'으로 구분되는 두 가지 어휘장(語彙場)은 하나와 반대 감정을 지닌 또 다른 하나 사이에 발생한 상호작용, 그리고 그것의 하위 집합인 **차가운**(froides)–**전율**(frissons)–**신음**(frémissants)–**이마**(front)(이러한 작업은 이마[front]에 동기를 부여하고 이를 병합시킨다), **어두운**(ténè-

31 로마 숫자 표시는 각 시절(연에 해당하는)을 지칭함. [역주]

> bres)–장례의(funèbres)–소음(bruit), 커다란(grande)–배은망덕한(ingrat)–후회하는(regrettant), 지나친(trop)–되돌아오다(rentrer)–존재하다(être)–푸르스름한(verdâtre)–당신의 난로(votre âtre)와 함께 후자를 전자에 투사하는 선조성에 의해서 연속적이고 서로 상통하게 된다.
>
> (*PPIII*, 301쪽)

문채와 프로조디적 연쇄들

메쇼닉은 자음적 · 모음적 조직을 묘사하기 위해서 1) 프로조디적 강세(accent), 2) 문채(figure) 혹은 프로조디적 반향(反響 écho), 3) 프로조디적 계열(série)들이나 연쇄(chaîne) 혹은 프로조디적 패러다임, 이렇게 세 가지 원칙적인 개념을 사용한다. 계열들(연쇄들 혹은 패러다임이라 불러도 될 무엇 : 메쇼닉에게 이러한 용어들은 서로 등가를 이루는 것으로 보인다)은 『악의 꽃』에서나 「가을의 노래」에서의 /R/처럼 하나 혹은 여러 가지 음소들의 반복현상에 의해 형성된 커다란 집합을 지칭한다 : "우리가 음소라 이름붙인 것은 실상 음소들이 형성한 의미론적 집합들을 가리킨다"(*PPIII*, 298쪽). 프로조디적 강세는 연쇄 혹은 문채의 출현과 연관된 단어들의 첫 음절 위의 표식을 의미하는데, 강세에 관해서는 리듬 부분에서 다시 거론할 것이다. 문채 혹은 반향은 특수한 배열 속에서 보다 국소적으로 나타나는 반복현상들을 가리킨다.

분석된 계열들이나 문채들의 선택을 유도하는 원칙들은 수(빈도수), 질서, 그리고 요소들의 위치이다. 이러한 원칙들은 오지프 브리크가 1917년 「음성적 반복들」에서, 그리고 1927년 「리듬과 통사」[32]에서 제안하였던 형태 유형론에서 차용해 왔다.

계속해서 보들레르에 관한 메쇼닉의 연구를 예로 들자면, /R/ 계열의 선택은 『악의 꽃』인 "커다란 단위"의 차원에서 볼 때, 특이한 위치—각운의 위치—의 빈도수와 마찬가지로 자음들과 모음들의 배분에도 토대를 두고 있다.

「가을의 노래」 분석에서 모든 자음적 계열들은 상세히 연구되었으며, 도표형식으로 제시된 바 있다. 특히 메쇼닉이 특히 자음에 보다 주의를 기울이기로 한 결정은 자음이 여기서 /R/들과 『악의 꽃』의 연속체들이 드러낸 "차별화하는 어떤 효과"를 지닐 것이라는 판단에서 비롯되었을 것이다. 메쇼닉의 비평은 작품집 속에서의 역할 때문에 우선 /R/을 다루면서 시작된다. 이러한 역할은 /R/들이 분포에 따라 '겨울'과 '사랑'의 어휘장을 통보한다고 분석된(앞을 참조할 것) 시에서 증명되고 특수성을 띠게 된다. 이어서 메쇼닉은, 예를 들어 무성과 유성같이 쌍으로 이루어진 계열들을 소개하며, 이것들의 질서가 분석에서는 불가피하게도 자의적일 수밖에 없으며, 그 이유는 이러한 질서는 필연적으로 '선적'인 데 비해

32 『시적 언어활동에 관한 두 가지 에세이』(*Two Essays on Poetic Language*), Michigan, Slavic Materials, Ann Arbor, 1964. 메쇼닉의 『시학을 위하여 III』 287쪽에서 다루어졌다.

이와 반대로 시의 작동기능은 결코 선적이지 않기 때문이라고 언급한다 : "시적 언어활동에서 시는, 다시 시작하기 때문에 다시 시작하기 위해서만 형성될 뿐이며, 다시 시작되기 때문에 마치 꾸러미 같은 집합점이 형성되는 것이다" (*PPIII*, 300쪽). 여기서 분포는 시의 운율적 구분, 시절(詩節)들의 그룹, 시절과 시구 등등, 도표에서 분류된 구분에 따라 연구되었다. 한편 계열들의 묘사나 위치와 분포에서 고찰된 방법을 간략하게 요약하는 일은 불가능하기조차 한데, 그 까닭은 텍스트 각각의 작동기능이 서로 상이하기 때문이다. 그럼에도 변함없는 원칙은 고찰대상인 시에 특수한 의미론적 관계들을 연구하였다는 것이다. 텍스트에서 계열체는 빈번하게 자신들의 뒤얽힘에서 출발하여 서로 간에 관계지움을 형성한다 :

> 예를 들어, IV("신비함은 마치 하나처럼 울린다" [mystérieux sonne comme un])에서 /m/과 /n/의 교차된 설정, 각운들의 시니피앙스("단조로운-가을" [monotone-automne], 특히 주관적으로 "어머니-순간적인" [mère-éphémère]은 오로지 이 시의 프로조디적 의미망에서만 의미작용을 지니고 있는 (내가 하는) "사랑" (aime)과 "증오" (haine) 간의 대립에 귀결된다.
>
> (318쪽)

이 마지막 고찰은 세르지오 카펠로가 지적하고 있는 것처럼 시니피앙스를 일치나 반복에 의해서 뿐만 아니라, 음성적 차별화에 의해서도 제기한다는 점을 보여준다.

메쇼닉이 출간한 저서에 등장하는 모든 분석들 중에서 어쩌면 「가을의 노래」는 가장 세밀한 방식으로 계열들을 드러낸 분석에 해당될 것이다. 예를 들어 시절이나 각운을 동반하지 않는, 즉 운율법에 의거하지 않고 쓰여진 텍스트들은 텍스트의 구성에 따라 도표형식의 분포를 보여줄 수 있는 또 다른 원칙을 다시 발견해야만 할 것이다. 늘 동일한 제시방법을 고수하지 않는 메쇼닉은 이러한 문제를 다루지는 않는다.

계열이 아니라 프로조디적 **문채**의 경우, 메쇼닉은 "어떤 규약과 유형을 […] 필요로 한다"(*CR*, 265쪽)고 기술하고 있다. 메쇼닉은 다비드 마송(D. I. Masson)이 「사운드-반복 텀」[33]에서 보여주었던 정식을 적용하여 하나의 모델을 제안한다. 규약에서 형식화된 이러한 여러 종류의 문채들은 이미 수사학에 의해 약호화된 바 있다(모음중첩현상, 자음중첩현상, 유음중첩현상 등등). 하지만 수사학 용어들은 불명확하며(자음중첩현상은 모든 자음의 반복을 가리키는가? 아니면 첫 음절에서 재개된 자음만의 반복을 가리키는가?), 때로는 장황하게 확산되는 경향이 있다. 마송이 제기한 모델의 적용은 단순함을 바탕으로 이러한 반향(écho)들을 묘사할 것을 목적으로 삼는다 :

> 위치에 의한 시퀀스들의 도식들 — C는 하나의 자음 혹은 하나의 자음들이 속한 그룹을 가리킨다. V는 하나의 모음 혹은 모음들을 가리킨다. **첫 자음**의 반향은 C-/C-로, **마지막 자음**의 반향은 -C/-C로, **모음**의 반향은 V/V로 표시한다. 모음과의 관계에서 **앞선 모음**

33 『시와 시학』(*Poetics, poeryka*), Varsovie, 1961, 189-199쪽.

> 과 더불어 발생한 반향은 CV/CV로, **후(後) 모음**과 더불어 발생한 반향은 VC/VC로 표기한다. **모음과 더불어 중복된 자음**의 반향, 완전 각운은 CVC/CVC로, **모음 없이 중복된** 반향, 의사 각운은 C-C/C-C로, **삼중** 혹은 **계열로 된 모음**의 반향은 C-C-C/C-C-C로 표기한다. **다음절**의 반향, 중간 각운은 CVCVC/CVCVC로 표기한다. 강세와의 관계에 있어서 (반향)은 **강세가 올** 수도 혹은 **강세가 오지 않을** 수도 있다. 음절과의 관계에서 반향은 **바로 올** 수도, 혹은 **음절의 끝에** 올 수도 있다. 다른 자음들이나 모음들과의 관계에서 반향은 **직접적일** 수도 혹은 **방해받을**(단순 자음과 함께 발생한 이중 모음의 반향) 수도 있다. 반향은 배치에 따라서 **선적일**(*être/très*처럼) 수도 혹은 **거꾸로 뒤집힐**(*beau/aube*처럼) 수도 있다. 만약 반향이 단순 자음과 자음 그룹의 관계에 달려 있다고 한다면, 그리고 단순 자음들이 그룹으로 향한다면 반향은 시퀀스의 질서에 따라서 **촘촘하게 조여질** 수 있으며, 그룹에서 단순 자음들로 향한다면 **확대될** 수도 있다.
>
> (264-265쪽)

이미 『시학을 위하여 Ⅰ』에서 언급되었던 이러한 예시는, 이러한 형식화 작업이 요구되었던 지점을 고찰하는 과정에서 보들레르나 위고 등의 연구지표로 사용된 바 있다. 한편, 메쇼닉의 이와 같은 연구에서 유형별로 분류된 문채들의 목록이 발견되는 것은 아니다. 프로조디적 문채 분석은 가장 빈번하게는 계열 분석과 병행되는데, 왜냐하면, /s/와 /z/의 도표를 설명한 「가을의 노래」에 대한 또 다른 분석에서 드러나는 것처럼 반향의 **위치**가 시니피앙스만큼이나 반향의 내적 분포에 있어서도 매우 중요하게 여겨지기 때문이다 :

두 가지 도표의 대립은 우선은 빈 칸에 의해, 이어서는 메워진 칸들에서의 분포에 의해, 그런 다음 세 번째 시절(연)에서 *ch*에 관련되며, 대조적으로 두 번째 시절에서는 부재에 의해 마련된 두 개의 시구에 집중되는 현상을 드러내는 것처럼 *choc*의 반복에 토대를 둔 시니피앙스의 장이 집중됨을 드러낸다. 이처럼 *chaque*와 *échafaud*에서 공통적인 음절은 어떤 연결의 통로를 형성하면서 *échafaud*의 의미의 효과 속에서 개별적으로 분포된 것을 통과하게 만든다.

(306쪽)

V. 프로조디, 시니피앙스 : 해결되지 않은 난점들

체계로서의 시니피앙스 개념, 특히 체계에 입각한 프로조디적 시니피앙 개념은 문학 텍스트 연구뿐만 아니라, 프로조디적이고 리듬적인 현상들이 어떤 역할—반드시 강도가 있으며 "특수한 가치들"의 망(網)을 생산하지는 않는—을 수행할 수 있는 또 다른 유형의 디스쿠르 연구에 활력을 불어넣으면서 이론적이고 방법론적으로 기여를 하게 된다. 이 개념이 활력을 불어넣는 까닭은 시니피앙의 고찰에서 이원론을 벗어난 모델을 제안함으로써 우리를 '장식주의'(의미작용에서 시니피앙을 고립시키는, 예컨대 장식적인 무엇)와 '상징적 표현성'(통합된 작동기능 속에서 디스쿠르를 취하는 데 실패하면서 음성만을 직접적으로 표출하는)에서 벗어나게끔 도와주기 때문이다.

하지만 메쇼닉이 제시한 이러한 모델 속에는 해결되지 않은 몇몇 난점들이 남아 있다. 우리는 앞서서 이미 모든 디스쿠르의 "의미하는 속성"의 집합을 가리키거나 '체계'를 형성하면서 프로조디적이고 리듬적인 시니피앙들에 의한 의미 생산을 지칭하는 시니피앙스 개념의 모호함을 지적한 바 있다. 게다가 만약 모든 것이 디스쿠르 속에서 시니피앙이라면, 더구나 모든 것이 함께 의미한다면 언어학적 구분들(예컨대 문법, 어휘, 통사, 음성 등등)은 작위적이거나 축소되어 버릴 수밖에 없을 것이다. 게다가 이러한 전제에는 난점이 남게 되는데, 그 까닭은 그 어떤 분석도 특정 요소에 대한 일정 부분의 차별이나 절단 없이는 형성될 수 없기 때문이다. 이런 관점에 대해서 우리는 메쇼닉이 프로조디라 정의한 자음적 · 모음적 조직이 '의미생산'이며, 또한 이것이 어휘적 · 문법적 · 통사적 등등의 의미생산과 더불어 기능한다는 사실에 바로 메쇼닉 이론의 근본적인 기여가 자리한다고 할 수 있다. 그러나 한편, 이원론의 거부는 세르지오 카펠로가 정확하기 관찰한 것처럼 본성, 그리고 음성에 의해 설정된 의미론적 요소들의 관계를 명확히 제시하는 작업을 거부하는 데로 귀결되기도 한다. 메쇼닉의 이론에 대해 카펠로가 설명한 비교적 긴 발췌 부분을 여기서 인용하도록 하자 :

> [메쇼닉의 설명에 따를 때] 매번 "시니피앙스"는 상이한 어떤 효과를 생산하는 듯 보인다. 더욱이 용어들 간의 관계의 특성, 다른 말로 하자면 의미론적 효과의 특성은, [메쇼닉이] 사용한 용어들이 매

> 우 강한 은유적 요소들을 담고 있기 때문에 상대적으로 상당부분 모호한 상태로 남게 된다. 이러한 모호함은 관계를 맺는 특성이 상당부분 정의되지 않았다는 사실에서 비롯된다. 문제는 물론 의미론적인 요소들이다. 하지만 이러한 의미론적인 요소들의 특성들과 조직들은 명확하게 제시되지는 않았다. 만약 메쇼닉이 주장하는 것처럼 의미를 형식화하는 모든 작업이 "인식론적인 막다른 골목, 즉 이원론, 의소(意素)로의 축소, 주체의 비이론화, 과학주의로 점철된 경험주의, 직관주의에 의존한 짜집기"(*PPIII*, 286쪽)로 귀결될 위험이 있다고 인정한다 하더라도 의미와 의미론을 언급하면서 구체적으로 무엇과 연관되는지, 또한 어떤 요소들에 대해 작업을 개진하고 있는지를 명확하게 규정하지 않았기 때문에 비유적인 모호함을 그냥 간과할 수만은 없게 되며, 결정적으로 이러한 모호함으로 인해 특수하고 프로조디적인 의미론 생산의 재현을 시에서 구축하는 데는 어려움이 따르는 것이다.
>
> (『음성적 망과 의미』, 114쪽)

사실상 의미에 관한 이론이란 작품에 의해서 구축된 특수한 가치들을 명확하게 하기 위해 존재하는 것이다. 의미에 관한 진정한 이론은 시니피앙에서 어떤 "허울"을 다시 만들어내면서 시니피앙에서 분리된 내용들의 우월성으로 회귀하는 데 관련되는 것은 아니다. 그것은 바로 프로조디적 계열들과 문채들에 의해 발생한 결합이나 차별화에서 비롯된 의미생산을 묘사하고 보여주는 데 놓여 있는 것이다.

리듬

메쇼닉의 시학 전반은 리듬 개념을 갱신한 사유에 토대를 둔다. 리듬 개념은 다른 개념들이 이 개념에 종속되는 것처럼 보일 정로도 이 책의 거의 모든 장과 항목들에서 등장할 것이다. 리듬은 문학적 특수성과 연관된 모든 연구를 활성화시킨다. 메쇼닉에 따르면 리듬은 "언어활동 이론의 새로운 창립"(*PRPS*, 599쪽)의 한 방편이기를 자청하는데, 그 까닭은 리듬이 기호의 형이상학을 벗어나(역사성과 주체를 참조할 것) 시니피앙과 시니피에뿐만 아니라 글쓰기와 존재, "각운과 삶"을 동시에 연관짓게 해주기 때문이다.

리듬에 이러한 역할을 할당한 근거는 무엇보다도 우선 **미크라**(Mikra)의 유대 전통에 토대를 둔 메쇼닉 자신의 성서 번역 경험이다:

> 어원적인 동시에 기능적으로 성경의 몸체를 가리키는 '미크라'라는 용어는 나아가 읽기, 흔히 우리가 글쓰기와 대립되어 말하는 읽기가 아닌 읽기를 의미한다. 미크라는 우리가 읽는 동안, 혹은 우리

> 가 의구심을 갖고 텍스트를 읽는 동안 결집되는 어떤 것을 상정한다. 이러한 '큰 목소리로 읽기' 개념은 읽기에서 내가 구술성과 공동체라고 부르는 것을 서로 분리하지 않고 하나로 결합시킨다. 이처럼 텍스트는 자신의 리듬에 의해서 […] 무엇보다도 구술적인 문학이며, 이 구술적인 문학은 공동체를 의미한다.
>
> (1985 : 51–52)

성서에서 글쓰기와 읽기, 작가와 텍스트, 텍스트와 독자를 서로 분리하는 서양적 전통과는 반대로, 미크라는 읽기로부터 듣기와 발화행위에 굳게 결속된 디스쿠르의 역동적인 실천을 만들어낸다. 집단적으로 큰 목소리로 말하고, 또 다시 말하는 행위, 텍스트를 개별적인 리듬으로 말하고, 또 다시 말하는 행위는 심지어 "글쓰기에 포괄되어 있는 읽기의 관계인 주체기능의 개시"(*PRPS*, 129쪽), 즉 항구적인 "재발화행위", 문학작품의 체계가 촉발시키는 "이행적 주체성"(transsubjectivité)을 촉발시킨다. 주체에서 주체로의 이러한 "감염"은 단지 단어들의 의미에서 주체를 만들어내는 것과는 전혀 다른 방식으로 의미작용을 생산하는, 시니피앙에서 시니피앙으로 이러지는 연속체를 경유하면서 의미하기의 방식과 언어활동과 우리의 관계를 보고 느끼고 사유하는 우리의 방법 전반을 변형시킨다. "각운"이 "삶"과 결속되는 것도 바로 이 리듬을 통해서이다.

한편 리듬 개념의 이행에 어떤 동기를 부여한 것은 미크라의 전통이라기보다는 오히려 성서의 디스쿠르 조직인데, 그 까닭은 성서에서 디스쿠르의 조직은 그리스적 유산과 전통에 토대를 둔 카테고리 분류에 대한 일종의 도전을 의미하기 때문이다 :

> 성서는 그리스 모델인 기호의 모델로는 환원될 수 없으며, 독창적인 절시(節詩 verset)[34]의 조직체계를 리듬에 가져다 주었다. 그리스 모델은 플라비우스 조세푸스(Flavius Josephus)[35] 이후에 성경이 그리스 세계와 접촉한 다음부터 끊임없이 성서 언어를 산문과 시 사이의 대립적인 용어들을 통해서 사유하려 시도하였다. 하지만 성서의 몸체인 절시의 범(汎)-리듬태(la rythmique)[36]는 이같은 형식적 대립을 사유할 수 없게끔 만들어 버린다.
>
> (*PRPS*, 153쪽)

리듬을 더 이상 산문과 시 사이의 대립의 틀 속에서 사유하지 않는 행위는 리듬을 시구, 특히 정형시구에다가 전적으로 일임하지 않는다는 것을 의미한다. 결과적으로 메쇼닉 이론의 상당부분은 리듬의 운율학적 이해를 신랄하게 비판하면서 진행된다.

---

34 verset를 절시(節詩)로 strophe를 시절(詩節)로 번역하는 까닭은 verset가 '시의 형식'을 뜻하는 용어인 반면, strophe는 '시를 구성하는 단위'에 관련되기 때문이다. 따라서 strophe는 시 단락이나 연으로 번역될 수 있다. [역주]』

35 본명은 Joseph ben Matthias. 37, 38년 예루살렘에서 출생한 로마 시대 유대인으로 제사장 · 학자 · 역사가. 66-70년에 일어난 유대인 반란과 고대 유대교의 역사에 대해서 『유대 전쟁사』(*Bellum Judaicum*, 75-79), 『유대 고대사』(*Antiquitates Judaicae*, 93), 『아피온을 반박함』(*Contra Apionem*) 등 유대교의 역사에서 중요한 저서를 집필하였다. [역주]

36 rythmique라는 프랑스어는 1) 리듬(rythme)의 형용사로 쓰이는 경우, 2) 실사로 쓰여서 "디스쿠르 속에서 리듬의 실현"(la réalisation du rythme dans le discours)을 의미하는 경우로 나뉜다. 따라서 후자로 쓰일 경우, 한 단어로의 번역이 요구되며, 이때 리듬체나 리듬태, 혹은 리듬실현 등의 용어를 사용하기로 한다. [역주]

"척도[37] 없는 리듬"을 인식하기 위한 메쇼닉의 도전은 벤브니스트의 논문 「언어학적 표현 속에서의 리듬 개념」 덕분에 촉발될 수 있었다. 이 논문에서 언어학자 벤브니스트는 "물결들의 다소간 규칙적인 운동"을 리듬과 결부시켰으며, 또한 가장 널리 인정받아 왔던 **류트모스**(rhuthmos)의 어원을 수정하였을 뿐만 아니라, 사실상 척도에 관련된 그 어떤 자료에도 연관되어 있지 않은 이 단어의 옛 수용과정을 밝혀냈다.[38] 리듬의 전(前) 소크라테스적인 의미작용에서 출발하여 메쇼닉은 리듬에서 디스쿠르의 의미를 만들어내는 운동으로 설정된 계열 개념들을 제안할 것이다. 리듬의 어원을 왜곡해 온 여러 가지 사실 중에서도 특히 리듬의 "거짓 어원(의사 어원)"에 의해 유지되어 온 운율학적 개념이 형식적인 도식 · 기원 · 영원성 · 우주적 질서를 중시하는 것과는 전적으로 반대로, 메쇼닉은 리

37 프랑스어의 mesure를 의미한다. mesure는 (측정된) 치수, 크기, 넓이, 길이, 양, 무게, 횟수를 모두 포함하는 개념이며, 시학에서는 '측정이 가능한 형식적 단위'로 정의할 수 있다. 우리는 이 단어의 한국말 번역으로 척도(尺度)를 사용하기로 한다. 이 척도라는 단어 속에는 정형률의 규칙성, 규칙적인 반복현상, 일정하고 반복적인 크기가 모두 포함되어 있다. [역주]

38 리듬의 어원인 rhuthmos는 어떤 "강이 흐르는 모습"(couler)을 지칭하며 형상(figure)이자 만남(rencontre)이며, 질서(ordre)를 포괄하면서도 이 질서가 "변화하는 모습", 그리고 이 질서의 위치나 변화 등을 의미해 왔다. 예를 들어, 플라톤 이전에 이미 원자의 운동에 관해 관심을 보인 데모크리토스(Democrite 460-370)나 유물론을 주창한 류키포스(Leucippe ???-500)에 이어 아리스토텔레스 등에 의해서도 이와 같은 사실은 꾸준히 지적된 바 있다. 따라서 리듬은 플라톤에 의해서 그 의미가 제한되거나 고정되기 이전에 "물결의 존재" 혹은 "흐르는 형태"를 지칭해 왔으며, 이러한 형태는 고정된 형태와 전적으로 구분되는 "운동과 변화 방식" 자체를 의미한다고 할 수 있다. [역주]

들을 변형 · 다수성 · 역사적인 무엇에다가 포괄시킬 새로운 제안을 제시한다.

의미작용 전체를 조직하는 힘이라 인식된 리듬은 디스쿠르 분석 전반에 있어서 새로운 방식을 요구한다. 이처럼 『시학을 위하여』를 주장하였던 이론가의 가장 풍부한 방법론적 제안을 야기하는 것은 바로 리듬 개념의 새로운 정립을 통해서 이루어진다.

Ⅰ. 운율학 비판

메쇼닉의 이론 전반에 걸쳐 운율학은 반드시 쓰러뜨려야 할 적으로 빈번하게 등장한다. 이러한 까닭에 운율학은 메쇼닉의 텍스트에서 주를 이루는 간략하고 압축적인 문장들이 겨냥하고 있는 주요 타깃들 중 하나를 이룬다 : "얼간이들의 사회주의가 존재하는 것처럼 운율학은 얼간이들의 리듬 이론이다" (*CR*, 143쪽). 그렇다면 이와 같은 독설 속에 감추어진 것은 무엇인가? 그리고 이러한 독설이 드러내고자 하는 바는 무엇인가? 혹시 이러한 독설에는 리듬에 관한 사유를 갱신하려는 노력을 넘어선 미학적이거나 이데올로기적인 부분이 존재하는 것은 아닌가?

우리는 위에서 인용했던 논쟁적인 표현들 속에 도발적인 특성—메쇼닉 자신의 성격뿐만 아니라 유머감각 역시 표출되곤 하는—이 존재한다는 사실을 부인할 수는 없다. 하지만 맥락을 잘 살펴보면 이러한 도발적인 표현들은 단순하게 소모적이고 논쟁적이라고 치부해 버릴 것만은 아니다. 이러한 논쟁적인 말들은 리듬을 둘러싼 핵심적인 이론적 · 방법론적 문제들을 '리듬-척도' 개념을 통해서 인식해 왔던 여러 지점들을 드러내고 묘사하는 진정한 비평을 동반하기 때문이다.

이때 여전히 문제는 "무언가를 있는 그대로의 상태로 방치해 온" "전통이론"의 인습을 타파하는 데 놓여 있다. 『리듬 비평』에서 메쇼닉은 상당수의 사전들(프랑스어, 영어, 독일어로 된 사전들, 언어학, 시학, 음악, 철학사전 등등)을 끊임없이 참조하는 과정에서, 사전들에 반영된 수십여 가지의 정의들이 거의 대부분 '척도의 우위'를 설정하면서 리듬의 특징을 정의해 왔다는 점을 면밀히 조사한다. 이와 같은 공통적인 현상은 매우 보편적인 동시에 "사물들의 본성"처럼 여겨져 왔으며, 게다가 리듬을 "다소간 일정한 간격을 두고 행해지며 포착되는 데 사용되는 항구적인 요소들의 회귀"(『세계문학 대사전』[*Grand Atlas des littératures*]. 『유니베르살리스 백과사전』[*Encyclopœdia universalis*], 1990, 42쪽의 「리듬적 구조들」 항목)로 이해하여 왔노라고 메쇼닉은 기술한다.

메쇼닉이 리듬의 '운율학적 개념'이라고 부르는 것은 바로 이것이다. 여기서 운율학은 넓은 의미에서 "동일한 것의 규칙적인 회귀"를 뜻한다. 이에 비해 메쇼닉은 리듬을 때때로 반복과 측정 가능한 크기(척도)나 박자와는 전적으로 대립되는 어떤 항(項)으로 여긴다. 메쇼닉은 시학연구가, 예를 들어 비록 "시학적 문제가 단순한 반복으로 야기된 단조로움을 피하려는 경향에 놓여 있을지라도"

(같은 책) 특히 '단어'에 강세가 오는 언어들(영어, 독어, 러시아어 등등)은 이러한 속성에 근거해서 리듬의 정의를 일반화된 박자로 파악하였다는 사실을 드러낸다. 한편, 이러한 반복적인 개념을 벗어나려는 시도에서부터 바로 리듬을 분리나 이행, 혹은 전혀 예상치 못했던 놀라움으로 여기는, 리듬의 반(反) 운율학적인 전망이 탄생하게 된다. 우리는 또한 앙리 모리에(H. Morier)의 사전에서도 '동일한 것'과 '그 반대' 항에 의해 구성된 리듬의 정의를 발견하게 된다 : "1. 일반적인 의미 : 감각적으로 동일한 간격에 놓여 있는, 항구적으로 포착될 수 있는 회귀 [···] 2. 좁은 의미 : **정형시구**와의 대립에 의해 **순수하거나** 혹은 **무질서한** 리듬은 습관과 단절하려 시도한다"(앙리 모리에, 『시학과 수사학 사전』[*Dictionnaire de Poétique et de Rhétorique*], PUF, 교정되고 보강된 제4판, 1989[제1판, 1969], 1029-1030쪽). 한편, 이 "좁은 의미"의 리듬의 정의는 여전히 "일반적인 의미"에 속하는데, 그 이유는 이 좁은 의미에서 행해진 리듬의 정의가 그 자체로 리듬에 대립되는 무엇을 상정하면서 성립되기 때문이다. "운율학은 시구의 과학과 예측 가능성을 원한다. 운율학은 오로지 자신의 연속성만을 전제할 수 있을 뿐이다. '다름'은 단절과 차이를 중시한다. 이것이 두 가지 신화이다"라고 메쇼닉은 기술한다(*CR*, 598쪽). 따라서 진정한 리듬 이론을 구축하기 위해서는 무엇보다도 우선 이러한 이원론을 벗어나야만 하는 것이다 :

> [···] 리듬은 그 자체로는 비(非)운율적이다. 한편 리듬은 역사와 글쓰기의 상황에 따라서는 운율적일 수도 혹은 반(反)운율적일 수도

> 있다. […] 글쓰기는 문화적인 만남이다. 따라서 이것은 역시 전통이기도 하다. 하지만 글쓰기의 힘은 오로지 주체들을 고려함에 분명한, 변화하는 역사적 모험일 뿐이다.
>
> (*CR*, 224쪽)

메쇼닉이 이와 같이 언급하는 까닭은 리듬을 정형시구와 동일시하는 태도가 디스쿠르 연구에 몇 가지 심각한 문제들을 야기하기 때문이다.

리듬을 정형시구와의 동일시하는 관점은 우선 **보편화**(universalisation), 즉 디스쿠르들 간의 차이를 소멸시키는 효과를 동반하게 된다. 보편화는 다양한 현상들에 공통적으로 나타나는 **단 하나의** 리듬 개념 연구를 경유할 뿐이다. 따라서 이때 리듬 개념은 자연의 주기성(계절과 날의 순환, 바다의 운동), 인간의 육체적 주기성(심장의 박동, 호흡, 걸음), 음악적 · 안무적 · 회화적 · 시적 리듬의 주기성을 고려할 뿐이다. 운율학은 바로 이와 같은 '주기성'을 특성으로 삼게 되며, 빈번히 자연현상이나 음악 박자의 주기성을 통해 정의되거나 정당화된다. 바로 여기에 역사를 희생시켜 우주적 질서를 특권화하려는 기원 연구가 함께 존재하게 된다 : "운율학에서 숫자의 우위는 원래는 우주적인 질서의 우위, 그리고 다음으로는 신학적인 질서의 우위를 의미한다"(*CR*, 568쪽). 디스쿠르 연구에서 이러한 우위는 알랙상드랭에서 그렇게 했던 것처럼 빈번히 몇 가지 문화형식들의 **본질화**(essentialisation)를 야기하게 된다. 예컨대 "이 시구는 인간의 호흡 능력에 의해 결정되었다"라고 말하면서 우리는 이러한 시구를 "위반을 거쳐서 '리듬이 결여된' 혼돈이 발생함을 빈번하게 주장하는 본성과 규칙성"(*CR*, 603쪽)으로 착각해 왔던 것이다. 마찬가지로 시의 역사를 살펴보면, 운율학적 관점은 변화보다는 훨씬 더 불변성을 목격하려는 경향을 띤 사실을 알게 된다. 운율학적 관점은 미리 만들어진 도식들, 즉 규범의 실현, 그리고 부정성[39]에 의해 시구와 시가 비교되고 평가된 도식에 의거해서 정의되어 왔던 것이다. 이러한 처리방식은 모델에서 고려되지 않을 "이탈들"을 과감히 제거하는 방향으로 분석을 진행한다. 메쇼닉은 자크 루보(J. Roubaud)가 『알랙상드로의 노년』(*La vieillesse d'Alexandre*)[40]에서 보여주었던 위고 시구의 분석에서 어떤 난점을 목격한다 :

> 비록 루보가 위고의 시구에서 "불균형"(107쪽)의 체계를 인식하였다 하더라도 그는 열한 번째 위치, 극화(劇化)작업에서와 마찬가지로 시구(말해진 것)에서 디스쿠르의 리듬적 활동을 잘못 인식하였다. 이는 루보가 단장격(短長格)을 신봉했기 때문이다. 이처럼 알랙상드랭의 1, 5, 7, 11음절의 위치는 루보에 있어서는 제로(zéro), 즉 강세가 오지 않은 위치들을 의미할 뿐이다.
>
> (*CR*, 204–205쪽)

39 예를 들어, "운문이 아닌 모든 것은 산문이며, 산문이 아닌 모든 것은 운문"이라는 식의 앞서 언급했던 철학 선생 주르당의 관점. 이러한 관점을 확산시켜 일반화한 전통이론들은 산문을 오로지 부정성에 의거해서("운문이 아닌 모든 것"이라는 정의 따위) 정의해 왔다. [역주]

40 Paris, Ramsay, 1988 (Maspero, 1978).

또한 메쇼닉은 '리듬-정형시구'의 동일시 현상에서 기호의 **형이상학**(역사성과 주체를 참조할 것)의 분신(分身)을 본다. 시에 대한 이와 같은 잣대를 통한 운율학적 분석은 빈번하게 디스쿠르의 **탈의미화**를 수행하는데, 그 이유는 이러한 분석들이, 예를 들어 운각(韻脚 pieds)[41]이나 음절수 따위와 마찬가지로 전혀 '의미하지 않는 단위들'과 더불어 작업을 진행하며, 또한 그럴 수밖에 없기 때문이다. 분석에서 선별된 대상들에만 국한되면서 이러한 의미하지 않는 단위들은 텍스트의 의미하는 작동기능으로부터 완전히 형식적인 리듬만을 따로 고립시킬 뿐이다. 우리는 루보가 진행한 것과 같은 이러한 추상화 작업이, 그럼에도 불구하고 한편으로 문학형식의 변천과정을 살펴보기 위해서는 부분적으로 필요하다고 다음과 같이 언급하는 메쇼닉의 지적에 반대할 수도 있다 : "형식의 연구는 역사적이고 비교적이다. 고유한 보편요소들을 추구하면서 형식은 필연적으로 고유한 형식화를 위해 애쓴다"(*CR*, 525쪽). 메쇼닉에 있어서 이와 같이 형식에 몰두하는 작업은 전체적으로 볼 때 리듬 연구와는 결코 혼동될 수 없는데, 그 이유는 리듬이 단지 정형시구에서부터 발생하는 것만은 아니기 때문이고, 마찬가지로 "시구에서 단어들 그룹의 위치와 경계"(같은 책)에서도 리듬이 발생하기 때문이며, 결과적으로 "디스쿠르에서 각각의 시구는 특수하고 리듬적이며 프로조디적인 고유의 배열을 갖고"(같은 책) 있기 때문이다. 형식적 추상화는 운율적 · 리듬적 요소들을 장식처럼 취급하도록 유도한다.

41 [역주 44]을 참조할 것. [역주]

메쇼닉은 이와 같은 예로서 의미를 고려하지 않은 채 형식적으로 서정 정형시구들과 시절(strophe)[42]들의 변화과정을 분석하였으며, 또한 시의 변화에서 "지나친 단일성을 결구(結句)에서 피하기 위해 소포클레스가 기울인"[43] 단순한 노력에 주목했던 베르너 호프만(W. Hoffmann)이 전개한 소포클레스의 운율법에 관한 연구를 제시한다. 메쇼닉은 호프만의 작업에 관해 다음과 같이 언급한다 : "왜 하필이면 이곳인가? 이와 같은 지점을 주목하는 행위는 결국 의미나 의미의 효과도 지니지 않은 채 디스쿠르를 변형시킨 행위가 아닌가? 나는 이러한 작업이 원칙적으로 불가능한 작업이라고 생각한다"(*CR*, 526쪽).

이처럼 운율법이 실행하는 탈의미화는 빈번하게 언어와 디스쿠르의 단위에 관한 고찰에서 엄밀함이 결여되어 있음을 나타내는 표시와 밀접히 연관된다. 이러한 탈의미화의 예로 우리는 통사 그룹에 강세가 발생하는 프랑스어에서 "운각"(단장격, 단단장음격)의 존재를 가정하여 모델을 만들어내는 작업을 가장 대표적인 경우로 꼽을 수 있을 것이다.[44] 단어에 강세가 발생하는 언어들만이 오로지 운각 ·

42 시절(詩節 strophe)은 일반적으로 동일한 길이의 시구가 그룹으로 모여 형성된 단위를 의미한다. 시절 개념은 정형시의 경우, 고유한 각운과 정형시구들에 따라서 구조화된 집합을 지칭하며, 한편의 정형시는 여러 개의 시절로 구성되어 있다. 그러나 시절은 단지 정형시의 구조를 지칭하는 용어는 아니다. 자유시나 산문시에서도 시절이라는 용어를 적용할 수 있다. 일반적으로 시절은 한국어 '연'으로 번역될 수 있는 개념이다. [역주]

43 Altdeutsche Metrik, Stuttgart, J. B. Metzlersche Verlagsbuchhandlung, *Guide bibliographique et critique*, 1967, 191쪽.

강박(強拍) · 약박(弱拍)으로 이루어진 2, 3 혹은 4음절의 예측 가능한 조합에 토대를 둔 운율법을 허용할 뿐이다. 『리듬 비평』의 저자는 브누와 드 코르뉴리에(Benoît de Cornulier, 『시구이론』[*Théorie du vers*], Seuil, 1983)와 마찬가지로 프랑스 운율법의 '음절적인(syllabique)' 토대를 옹호한다. 강세를 발생케 하는 규칙성이나 리듬 실현의 전형적인 도식이 그런 것과 마찬가지로, 모든 정형시구 개념은 결국 프랑스어의 규칙에서는 증명될 수 없는 추상적인 관념일 뿐인데, 그 까닭은 통사 그룹에 강세가 발생하는 언어에서 미리 강세를 예측할 수 있는 가능성이 사실상 거의 존재하지 않기 때문이다. 시구의 마지막 음절과 휴지(休止) 음절은 이러한 법칙을 위반할 수 있는 유일한 장소이다 : "프랑스어에서는 비운율적인 강세만을 가질 수 있을 뿐이다. 휴지(알렉상드랭이나 10음절 시구의)에서 오로지 강세의 부재만이 비운율법적일 수 있다"(*CR*, 230쪽). "운각"에 대한 메쇼닉의 비판은 '**척도**'(mesure) 비판을 동시에 야기한다 : "척도란 강세가 발생한 음절과 함께 끝맺는다. 이 경우 음절은 단어들과 통사구(句)의 경계와 연관되지 않은 채 오로지 '척도'에만 귀속된다. 더구나 음성학적 분석은 척도가 이러한 방식으로는 포착될 수 없다는 사실을

44 프랑스어 시구의 길이를 나타내는 용어로서 장음이나 단음 따위를 의미한다. 운각은 라틴어에서 사용되던 개념이며, 라틴어 시 연구에 몰두하던 시기에 프랑스에 유입되어 오늘날까지도 통용되고 있는 개념이다. 하지만 프랑스 시구에는 길이의 길고 짧음이 존재하지 않는다. 즉 프랑스 시구 분석에 운각의 개념을 적용하는 것은 전통일 뿐, 유용한 것은 아니다. 이는 프랑스 시구는 근본적으로 '동등(同等)음절적이자 강세적(iso-syllabique et accentuel)이지 장 · 단음처럼 한 음절의 길이가 상이한 것은 결코 아니기 때문이다. [역주]

드러냈다"(232쪽). 예를 들어 우리가 마잘레이라(Mazaleyrat, 『프랑스 운율법의 요소들』[*Elements de la métrique française*], Armand Colin, 1974)의 연구에서 발견하는 "척도 개념과 리듬 그룹 개념 간의 동일시"(232쪽)는 바로 이러한 까닭에 결코 인정받지 못하게 된다. 리듬 그룹은 척도, 즉 일정하고 셀 수 있는 박자로 나누어진 지속성의 기준은 아닌 것이다.

II. 디스쿠르의 배열로서의 리듬

「언어학적 표현 속의 리듬 개념」에 관한 벤브니스트의 논문은 몇몇 이론가들에게 리듬에 관해 새롭게 사유할 수 있는 출발점을 제공하였다. 이 논문에서 고찰된 리듬 개념의 변형은 문학적 디스쿠르를 텍스트 분석가보다 더 폭넓은 틀 속에서 광범위하게 연구하는 데 필요한 핵심 개념을 리듬에서 만들어낸다. 벤브니스트가 제기한 개념의 변형은 한편으로는 미셸 드기[45]와 자크 가렐리[46]가 리듬에 관해 다시 논의를 시작한 현상학적인 경험 · 주체 · 세계 · 시와 시간성 개념에 토대를 이룰 것이다. 다른 한편으로 이러한 개

45 Michel Deguy, 「리듬의 문채, 문채들의 리듬」(*Figure du rythme, rythme des figures*, Langue française, no. 23, 1974, 24–40쪽 ; 『시의 사물들과 문화적 관심사』(*Choses de la poésie et affaire culturelle*), Hachette, 1986.

46 Jacques Garelli, 『리듬들과 세계들』(*Rythmes et mondes*), Jérôme Millon, 1990.

념의 변형은 롤랑 지니[47]와 앙리 메쇼닉이 새로운 개념을 제안하게 될, 발화행위적인 개념으로도 자리 잡게 될 것이다. 더욱이 메쇼닉은 리듬 개념과 척도가 서로 동일하다는 믿음을 깨뜨리기 위해서 언어학자 벤브니스트의 나머지 연구자료도 이용하게 될 것이다 :

> 여기서 상징적인 것은 벤브니스트가 **리듬**의 어원 비판을 통해서 의미와 주체 사이의 새로운 관계설정을 가능하게 만들어 주었다는 사실이다. 더욱이 벤브니스트는 이러한 관계를 발화행위의 체계처럼 고안하였다. 내가 리듬에서 기획하는 것은 오로지 벤브니스트에 의해서 가능하게 되었으며, 오로지 벤브니스트의 작업을 계승할 것을 목적으로 할 뿐이다.
>
> (*CR*, 45쪽)

그렇다면 벤브니스트가 개진한 작업은 정확히 무엇이었는가? 우선 언급할 사항은 벤브니스트가 리듬 이론을 제안하지는 않았다는 사실이다. 벤브니스트는 단지 **류트모스**(rhuthmos)라는 단어가 '흐르다'를 뜻하는 *rhein*에서 파생되었다는 점, 그럼에도 불구하고 대다수의 사전들은 리듬이 "물결의 다소간 규칙적인 운동"을 의미한다고 정의해 왔다는 사실을 드러냈으며, 나아가 리듬에 관한 이와 같은 어원적 · 역사적 설명에 이의를 제기했을 뿐이다. 벤브니스트는 리듬 개념의 고대 그리스적인 의미를 밝히는 작업에 착수하여, 어떻게 이러한 고대 그리스적 의미에서 "동일한 회귀와 간격에

47 Laurent Jenny, 『공포와 기호들』(*La terreur et les signes*), Gallimard, 1982.

대한 고찰"이라는 현재의 수용으로 리듬 개념이 과감하게 변형되었는가를 점검하려 시도한다. 즉 벤브니스트는 *rheo*에서 *rhuthmos*를 추출한 파생의 타당성에 이의를 제기하는 것이 아니라, 그것을 '해석한 방식'에 이의를 제기한 것이다. 고전 텍스트의 그 어떤 부분에서도 *rheo*와 *rhuthmos*가 '바다'를 규정하는 데 소용된다는 언급이 등장하지는 않는다. 소크라테스 이전 시대에 집필된 상당수의 글에서 이 단어들이 출현한 경우를 연구한 후 벤브니스트는 *rhuthmos*가 거의 대부분 "구별되는 형식, 하나의 총체 속에서 부분의 특징적인 배열"(330쪽)이나 "적절한 형상이나 배치"(332쪽)를 의미하였다는 사실을 밝혀냈다. 뿐만 아니라 벤브니스트는 이어서 형식을 지칭하는 또 다른 개념들(도식[skhèma], 형상[eidos][48], 형태[morphè][49])과의 관계에서 *rhuthmos*가 차지하는 의미를 명확히 규정한다. 접미사 *thmos*는 추상적인 단어들 속에서 "개념의 완수가 아니라 눈앞에 직접 나타난 완수의 특수한 양태"(332쪽)를 의미한다. "헤라클레이토스 이후 이오니아 철학에서 사물의 본성을 나타내는 근본적인 술어였던" *rhein*의 극단적인 파생어에다가 이 단어를 연관지으면서 벤브니스트는 *rhuthmos*가 주어진 맥락에 따라 "움직이고, 변화하고,

---

48 동사 이데인(idein : 본다는 뜻)에서 파생된 단어로 원래는 보여진 모양이나 모습을 의미하였다. 플라톤 철학에서는 이데아와 같은 뜻으로 쓰이나 아리스토텔레스 철학에서는 존재사물에 내재하는 본질을 지칭한다. [역주]

49 사물에서 이데아(idea)의 흔적을 찾았던 플라톤과는 달리 아리스토텔레스는 사물 안에서 본질(essence)을 발견하였으며, 특히 질료(hule)를 발동시키는 본질적인 형태(morphè)를 언급하였다. [역주]

흐르는 어떤 것에 의해 수용된, 순간 속의 형식"(같은 책), "조직적인 일관성을 지니고 있지는 않은 어떤 형식 […] 즉흥적이고 순간적이며 변형이 가능한 형식", 혹은 "흐르는 행위의 특수한 방식", "고정되어 있지도, 본질적인 필연성도 없으며, 늘 바뀌기 마련인 어떤 대상 자체인 배열을 야기하는 "배치"와 "지형도"(같은 책)를 가리킨다고 제안한다. 이처럼 벤브니스트에 따를 때, 숫자와 척도에 대한 사유는, 소크라테스 이전 시대에는 전혀 발견되지 않았던 반면, 플라톤에 이르러서 명백한 하나의 사실로 정착되기 시작하였다는 것이다.

메쇼닉은 "*rhuthmos–métron*"(리듬–정형시구)의 결속과정, 그리고 플라톤의 형이상학 철학과 모든 이원론적 사상들 사이의 연속성을 목격한다. 메쇼닉은 '리듬–바다'의 "의사 어원"이 *rhuthmos*에서 표식의 규칙적인 회귀와 같은 표상을 유지하게끔 기여했다고 파악한다. 언어학자 벤브니스트에 의해서 제자리를 찾게 된 수용에 영향을 받아 메쇼닉은 '운동'·'흐름'·'예측 불가능한 무엇'에 토대를 둔 리듬의 "헤라클레이토스적 개념"을 제안하며, 나아가 이 개념을 '숫자'·'도식'·'고정불변성'에 토대를 둔 "피타고라스적"(혹은 플라톤적) 개념과 대립시킨다. 메쇼닉은 벤브니스트의 연구에서 다음과 같은 정의를 그대로 유지한다 : "움직이는 무엇의 특수한 배열들", "어떤 총체 속에서 부분의 특징적인 배치", "움직임의 형식"(*CR*, 70쪽). 발화행위와 이러한 정의 사이에 연결고리를 마련하면서 메쇼닉은 리듬이 디스쿠르의 언어학에서 디스쿠르의 시학으로의 이행을 허용하는 개념이라고 주장한다 :

> 벤브니스트에서부터 리듬은 더 이상 형식의 하위 카테고리에 머물지 않는다. 리듬은 전체의 조직(배치, 지형도)이다. 만약 리듬이 언어활동 속에, 그리고 어떤 디스쿠르 속에 존재한다면, 리듬은 디스쿠르의 조직(배치, 배열, 지형도)을 의미할 것이다. 디스쿠르가 자신의 의미와 떨어질 수 없는 것과 마찬가지로 리듬 역시 이러한 디스쿠르의 의미와 떨어질 수 없다. 리듬은 디스쿠르에서 의미의 조직이다. 만약 리듬이 의미의 조직이라면, 더 이상 리듬은 구별되고 중첩된 어떤 수준을 의미하지는 않는다.
>
> (70쪽)

이처럼 메쇼닉에게 있어서 리듬이 의미작용의 거대한 동력인 까닭은 여기서 언급된 "지형도"나 "배치" 혹은 "배열"이 "움직이는 무엇"(즉 운동)의 지형도이자 배치나 배열을 의미하기 때문이다. 리듬은 더 이상 음성적인 수준에 근접해 있는 것이 아니며, 또한 그 자체로 디스쿠르 속에서 따로 고립시킬 수 있는 어떤 특정한 수준을 의미하지는 않는 것이다. 물론 여기서 디스쿠르 속의 이러한 조직의 속성이 상세히 묘사된 것은 아니다. 그렇다면 이러한 운동의 특수한 조직을 우리는 무엇을 통해서 인식할 수 있을까? 리듬과 의미의 관계는 디스쿠르의 작동기능에 의해 실제로 명확히 밝혀졌다기보다는 상당부분 생략이나 삼단논법식의 전개에 의해 전제되거나 축소된 감이 있는 것도 사실이다.

메쇼닉의 정의 중에서 이 부분과 관련되어 가장 많이 전개되었다고 할 수 있을 다음 지적에서 우리는 리듬과 디스쿠르 사이

의 관계가 상당부분은 명료하게 제기되었다는 사실을 발견하게 된다 :

> 나는 언어활동에서의 리듬을 언어학적이거나 메타 언어학적인(특히 구술적 커뮤니케이션의 경우) 시니피앙들이 어휘적 의미와 구분된 특수한 의미론, 내가 '시니피앙스'라고 부르는, 다시 말해서 어떤 디스쿠르, 그리고 이 유일한 디스쿠르에 고유한 가치들을 생산하는 표식들의 조직이라고 정의한다. 이러한 표식들은 언어활동의 모든 수준, 예컨대 강세적 · 프로조디적 · 어휘적 · 통사적인 수준에서 설정될 수 있다. 이 표식들은 다름 아닌 수준 개념을 무효화시키는 계열체와 통합체 전반을 구축한다. 통상적으로 어휘적인 의미로 축소되는 것과는 반대로 시니피앙스는 전적으로 디스쿠르이며, 통합체이자 계열체로서 계열들에서 추출된 각각의 모음과 각각의 자음 속에 존재한다. 이처럼 시니피앙은 프로조디적인 만큼이나 통사적이다. 의미는 더 이상 단어들 속에, 그리고 어휘적으로 존재하지 않다. 제한적인 수용에 따르자면 리듬은 프로조디(모음과 자음의 조직)와는 구분된 '강세적인' (accentuel) 무엇이다. 한편 보다 폭넓은 수용의 관점에서 보자면 리듬은 프로조디를 포괄한다. 더욱이 구술적인 관점에서 보자면 리듬은 억양(intonation)마저 포함한다. 디스쿠르의 시니피앙스와 시니피앙 전체를 조직하는 과정에서 심지어 리듬은 디스쿠르에서 의미의 조직이기도 하다. 그리고 의미가 발화행위 주체의 활동성이라면 리듬은 자신의 디스쿠르 속에서, 그리고 자신의 디스쿠르에 의해서 디스쿠르를 이루는 주체의 조직인 것이다.
>
> (217-218쪽)

"특수한 의미론", "시니피앙스", 그리고 "어떤 디스쿠르와 이 유일한 디스쿠르에 고유한 가치들"은 메쇼닉이 텍스트의 '문학성'과 동일시하는 무엇이며, 분석을 통해서 시학이 목표로 삼는 것임에 분명하다. 따라서 이러한 정의에 따를 때, 모든 시니피앙스는 리듬에 토대를 둔다. 다시 말해서 의미작용의 절차에 대한 이해는 "움직임(운동)의 조직"에 대한 이해를 필요로 하는 것이다. "시니피앙에 의해 생산된 의미작용"(*SP*, 512쪽)을 뜻하는 시니피앙스는 '시니피앙-시니피에'의 이원론을 무효로 만들어 버리며, 더욱이 디스쿠르는 언어활동의 "물질적인 이미지"나 음성과 철자를 더 이상 지칭하지 않는 "복합적인 시니피앙"에서 유일하게 형성된다고 파악한다. 어찌되었건 디스쿠르에 관한 리듬적인 관점은 물질적 시니피앙—강세 · 프로조디 · 억양—에서 "출발한다." 이와 같은 정의는 따라서 소크라테스 이전 시대에서 빌려온 "움직임(운동)의 배열"을 리듬의 디스쿠르적 구성 요소들로 결정하는 것이다. 즉 넓은 의미에서는 언어활동의 모든 수준에 놓여 있는 표식들의 조직을, 그리고 제한된 의미에서는 강세의 배열과 프로조디(모음적 · 자음적 조직, 프로조디, 시니피앙스를 참조할 것)와 빈번하게 발생하는 억양을 모두 포괄하는 작업을 통해서 디스쿠르의 구성적 요소들이 명기되는 것이다.

그러나 어찌되었건 이러한 정의는 부분적으로 불분명한 부분을 지닌다. 예를 들어 강세를 제외한다면 이러한 "표식들"은 무엇을 가리키는가? "[언어학적] 수준의 개념을 무효화시키는" 이러한 "통합체"와 "계열체"를 어떻게 확립할 것인가? 더욱이 "조직"이란 단어로 넘어오면 벤브니스트에 의해 상정되었던 정의들은 더 이상 출현하지 않는다. 위대한 조상들에서 다시 취해온 "움직임(운동)의 특이한 배열"로서의 리듬 개념과 디스쿠르에서 "표식들의 조직"으로서의 리듬의 "본성" 사이에는 어떤 연결고리가 결여되어 있는 듯하다. 메쇼닉은 형이상학적 개념들과 리듬의 운율적 개념들을 비판하는 데는 매우 집착하지만, 한편 '척도' 없이 리듬을 파악할 수 있는 방법에 대해서는 별반 애착을 보이지 않는다. 이러한 사실은 메쇼닉에게 있어서 일부분 리듬이 '지각 가능한 어떤 것'으로 축소되지 않으며, 이와는 반대로 "무한 · 불확정 · 지각 불가능한 것"(*PRPS*, 155쪽)들로 설정되어 있거나 "언어활동을 보다 정교하게 귀기울여 듣기"(같은 책, 153쪽)를 필요로 한다는 지적에 의해 설명될 수 있을 것이다 : "최대치의 제약을 지닌 문학 텍스트의 언어활동은 심지어 모든 요소들을 구별하는 데 필요한 모든 시니피앙들을 사용하는 힘마저 지니고 있다"(192쪽). 여하튼 이러한 시니피앙스는 귀기울여 듣는 행위처럼 매우 정교하게 나타나고 들리는 것임에 분명하다. 이러한 속성들에 대한 대답은 메쇼닉이 제안한 리듬이라는 특이한 운동을 이해할 수 있도록 해준다. 그리고 이 대답은 개념의 전개를 통해서보다는 '리듬의 디스쿠르적 구성 요소들'을 다루면서 보다 상세히 제시될 것이다.

III. 리듬의 디스쿠르적 요소들

차이와 일치

앞서 소개했던 긴 정의부분을 여기서 다시 불러오기로 하자. **특수한 의미론, 체계, 가치**, 그리고 특히 **계열들**은 리듬이 존재하기 위해 필요한 최소한의 **반복적인 요소들**을 지칭하는 듯 보인다. 이것들은 파롤의 변형이나 운동을 포착하는 데 소용된다. 『리듬 비평』은 끊임없이 **회귀**(回歸 retour) 개념에 호소한다. 분석에 사용된 방법론을 구성한 근본 개념들은 프로조디적인 "형상들"(혹은 울림)과 "계열들"(혹은 연쇄들) (**프로조디, 시니피앙스**를 참조할 것)을 회귀 개념에다가 결부시킨다. 같은 종류의 강세적 · 음절적(빈번하게 통사적인) 도식을 취하는 그룹들의 집합을 의미하는 "리듬적 계열체"의 경우가 바로 이것이다.

자신이 비판한 상당수의 이론가들과 마찬가지로 메쇼닉 또한 리듬 연구를 광범위하게 되풀이되는 순환의 출현에 토대를 두고 있다. 하지만 그럼에도 불구하고 메쇼닉에 있어서 회귀(음성적 · 강세적)가 리듬을 조직하는 유일한 요소인 것은 결코 아니다. 「보들레르의 "가을의 노래"」(*PPIII*, 277–336쪽)에서 메쇼닉은 통합적(syntagmatique) 차원에서 "리듬적 연속체들의 **차이들**"(287쪽)과 계열적(paradigmatique) 차원에서 **일치**(리듬적 연속체들의)와 **계열들**(프로조디적인 요소들의)을 추려내야 한다고 말한다.

분석은 **차이**와 **일치**라는 근본적인 두 가지 매개변수에 따라서 유기적으로 구성된다. 여기에 바로 **같음**과 **다름** 사이의 변증법, 즉 **리듬의 운율학**에서 빈번하게 제시된 변증법이 자리한다. 그렇다면 메쇼닉 역시 이러한 변증법을 그대로 답습하는 것은 아닌가? 전혀 그렇지는 않다고 할 수 있는데, 그 까닭은 메쇼닉 이론의 암시적인 변증법은, 예를 들어 '같음'이 텍스트에 선행하는 추상적인 구조이자 계산의 영역에 속하는 뤼송(Lusson)이나 루보(『늙은 알렉산드라』에서 잘 나타나는)의 작업에서 우리가 발견하는 명시적인 변증법과는 근본적으로 다르기 때문이다. 『리듬 비평』에서 회귀는 수(數)로 구성된 도식이 아니며, 단순한 형식적인 반복을 뜻하는 것은 더더욱 아니다. 그것은 오히려 연결과정의 토대를 만들어내는 음성적 울림들과 강세적 · 반복적 형상들이다. 이러한 회귀들은 읽기를 조직하는 움직임의 방식을 창조한다. 이것은 바로 여기서, 특히 "리듬적 계열체"라 불렸던 것이 언급된다 :

> 어떤 시니피앙이 발화된 리듬은 리듬적 패러다임을 구축하며, 이 리듬적 패러다임은 텍스트의 체계 속에서, 자신의 시니피앙스의 구조화 속에서, 즉 자신의 수용 속에서 자신의 순서를 맞아 자신 만의 작업을 만들어낸다. […] 시의 문화적 의미작용은 '주된 시니피앙' (signifiant majeur)이 지닌 기능이다 : **정보**는 리듬을 알리는 '리듬들-단어들'과 분리될 수 없다.
>
> (*PPIII*, 334쪽)

차이와 회귀는 정형시구(제한된)와 리듬(자유로운)의 대립과 동일하게 여겨지는 것이 아니라, 오히려 특이한 분석의 체계 속에서 추출되는 관계들의 다양성, 차이"들"과 유사성"들" 사이의 복합적인 조합 놀이를 가리킨다.

리듬의 "최초 요소" : 강세

운율학 이론가들이 일반적으로 적용한 방식과는 반대로, 메쇼닉의 글들은 정형시구 모델과 이 정형시구의 특이한 실현 사이의 관계가 아니라, 디스쿠르의 조직에 속하는 강세 개념에 토대를 둘 것이다. 이와 같은 메쇼닉의 개념 설정은, 우선 특정한 한편의 시에서 미리 설정된 운율 모델과 그것의 텍스트적 실현 사이의 구분이 해체된다는 점을 드러내며, 마찬가지로 어떤 텍스트의 리듬적 가능성들과 리듬의 개인적인 발성 사이, 그리고 "구조와 발성 사이의 대립을 제거하는 작업"(*CR*, 275쪽)에도 관여할 것이다. 한편, 메쇼닉은 '텍스트'와 '텍스트의 낭송' 사이의 혼동 역시 고발한다. 예컨대 메쇼닉의 리듬 연구는 낭송에 필요한 요소를 제시하는 안내서가 아니라, 시니피앙스를 밝힐 것을 목적으로 삼는 것이다. 텍스트 분석에 있어서 리듬의 표기는 "음절 구분에 따른 낭독(scansion)을 넘어서는 것이 분명하다." 다시 말해서 리듬 표기는 "가능하고, 타당하며, 의미하는 읽기의 총합"(246쪽)을 제안한다. 텍스트의 조직에 담겨진 잠재적인 모든 강세의 표식들을 찾아내야만 한다고 볼 때, 이 경우

발성은 실현될 수도 그렇지 않을 수도 있는 것이다. "시 생산의 조건"(280쪽)에 속하는, 발성의 역사적 위상이 배태된 이러한 "읽기의 가능성"의 특성에 대해서는 여기서 언급하지 않기로 한다.

앞서 인용된 리듬에 관한 긴 정의에서 물음으로 제기되었던 "표식들"이란 따라서 근본적으로 강세들이나 강세의 실현 가능성을 의미한다 :

> 높이와 길이, 밀도로 이루어진 한 음절의 표식인 강세는 운율법을 구성하는 역할을 하면서 한 언어의 언어학적 리듬, 한 언어의 수사학적이고 문학적인 리듬의 첫 번째 요소를 구성한다.
>
> (앙리 메쇼닉, 「강세」[*accent*], 『문학들의 사전』[*Dictionnaire des littératures*], Paris, P.U.F., 1994, 15쪽)

하지만 이러한 표식 중 몇몇은 프랑스어의 "언어학적 강세"에 속하지 않으며, 게다가 모든 표식들은 디스쿠르의 또 다른 요소들(통사 그룹의 길이, 문장, 시구, 그리고 이러한 단위들의 위치 등등)과의 관계에 의해서 읽힌다. 메쇼닉은 프랑스어의 강세에 관해 두 가지 유형을 제시한다 :

> 프랑스어의 주된 강세는 그룹의 마지막 강세인데, 이것은 강세가 올 수 있는 마지막 음절(모음이 *e*-묵음인 경우를 제외한 모든 음절)에 놓인다. 하나의 통사 그룹은 하나 혹은 여러 단어로 구성될 수 있다. 그룹은 의미의 그룹이다. 모든 음절에 강도를 부여하고 이를 표시하는 것이 바로 강세이다. 모든 단어는 "la maison, la maison blanche"(집, 하얀 집)식으로 강세가 발생할 수 있으며, 또한 강세

> 가 발생할 수 없기도 하다.[50] 또한 단어의 '임의적인' 강세가 있다. 이것은 한편으로는 모음의 연장 없이 발음된(im'bécile처럼) 첫 자음에 걸친 정의적(情意的) **주장**에서 비롯된 강세이거나, 다른 한편으로는 첫 번째 모음에 걸리거나(c'est 'impossible처럼), 혹은 접두어(j'ai dit 'évolution, pas 'involution처럼)나 접미어(c'est offi'cieux, pas offi'ciel처럼)를 부각시키거나, 혹은 각각의 음절을 떼어놓은(c'est o-bli-ga-toire처럼) 개념적인 **주장**에서 비롯된 의미론적 강도의 강세를 의미한다.
>
> (같은 책, 15-16쪽)

메쇼닉은 기술된 텍스트에서 랑그의 음운론적 규칙뿐만 아니라, 텍스트의 디스쿠르적 조직에 고유한 요소들의 기능에 따른 표식들도 설정한다. 메쇼닉은 '주'(主)강세들(그룹의 끝이자 메쇼닉이 "리듬적 강세"라고 부르는)을 길이를 나타내는 기호("마크론" : –)에 의해 표시하고, 강세가 오지 않는 부분은 간결한 기호("미크론" : ◡)에 의해 표시한다. 음절의 지속이 프랑스어에서는 음운론적이지 않다는 사실을 전제한다면, '길고-간략함' 사이의 대립은 프랑스어에서는 그리스나 라틴 운율법에서처럼 숫자에 의존해서 균형이 유지되지는 않을 것이다. 메쇼닉은 주강세를 지니는 통사 그룹들을 구

---

50 ◡ ◡ — ◡ ◡ ◡ — ◡
1) la mai**<u>son</u>** 2) la maison **<u>blanche</u>** : maison이라는 단어가 1)과 2)에서 공통으로 등장한다고 하더라도 통사그룹의 마지막에 강세가 발생하기 때문에 1)은 강세가 발생하며, 2)는 오히려 maison이란 단어를 수식하는 형용사에 강세가 발생한다. [역주]

성의 규칙들을 따로 부여하지 않고 일반적으로 "리듬 그룹"이라 부른다. 한편 폴 가르드(Paul Garde)가 "강세 단위의 탄력성"이라 부른 무엇을 염두에 둔다면 사실상 리듬 그룹을 구분하기는 매우 어려워진다 :

> 의미에 의해서 밀접하게 연관되어 있으며 휴지에 의해 구분되지 않는 단어들의 모든 그룹이 유일한 강세 단위로 취급되기에는 어려움이 따른다. 더욱이 그룹의 문법적 구성이 무엇이건 간에 오직 하나의 강세만이 동반된다고 보기에도 어려움이 있다. 이러한 그룹들은 어조가 보다 빠르거나 덜 다듬어진 경우일수록 보다 길어지는 경향을 보이기 때문이다.
>
> (폴 가르드, 『강세』[*L'accent*], Paris, P.U.F., 1968, 95쪽)

주강세를 지니는 것은 일반적으로 "주요 통사 그룹"(주어 그룹, 근접 보어를 동반한 동사 그룹, 전치사 그룹 등등)이다. 우리는 『시구를 말하기. 알랙상르랭 애호가와 당사자를 위한 소론』(*Dire le vers. Court traité à l'intention des acteurs et amateurs d'alexandrin*, Seuil, 1987)에서 저자 장 클로드 밀네르(J.-C. Milner)와 프랑스와 레노(F. Renault)가 "음운론적 단어들"이라고 일컬은 바 있는, 리듬적 그룹들을 분리하는 몇 가지 원리를 발견할 것이다.

통사가 모호한 경우, 메쇼닉은 두 가지 강세의 가능성 사이에 긴장을 표시하는 "이중 표시"(◡)를 마련해둔다 :

L'éclat de mon nom même augmente mon supplice

(라신[Racine]의 시구, *CR*의 252쪽에서 분석된 예)

메쇼닉은 게다가 비스듬하게 기울어진 수직 바(bar) 형태의 간략하고 작은 모양(ˊ)으로 프랑스어의 이차(二次) 강세, 즉 (단어의) 반복 강세를 표시한다. 위에 제시된 간략한 표식은 강세가 음절이나 첫 음소의 지속이 아니라 '강도'에 관계된다는 사실을 알려준다. 메쇼닉이 "프로조디적 강세"라고 부르는 이러한 표식은 그의 이론 속에서는 말의 현상, 주강세와 시적 조직화, 체계를 형성하는 음성적 반복의 종합을 의미한다 : "ˊ"로 표시된 위치는 프로조디적 강세를 가리킨다. 프로조디적 강세는 하나의 계열 혹은 프로조디적인 망이 존재할 때 발생하거나 "이지적"이거나 "감정적"인 주강세"가 있을 때 발생한다"(1982 : 509쪽). 수직 바 표시는 마찬가지로 효과들의 축적, 다시 말해서 하나 혹은 여럿의 '역(逆)강세'(contre-accent), 즉 모리에가 "두 가지 강세의 연속"이라 의미를 부여한 '역-강세'를 표시하는 데도 사용된다. 역강세는 예컨대 "(리듬적)-리듬적 연속강세는 — —으로, (프로조디적)-프로조디적 연속강세는 ◡ ◡으로, 프로조디적-리듬적 연속강세는 ◡—으로, 리듬적-프로조디적 연속강세는— ◡ (*CR*, 255쪽)으로 표시되는 등 다양하게 두 가지 형태로 조합될 수 있다. 하나의 시퀀스 속에서 여러 개의 역강세가 연속적으로 발생하는 경우, 메쇼닉은 이 역강세들을 '등급'이

아니라 표식들의 특질을 나타내는 기울어진 수직 바를 동원하여 증가된 수를 표시한다 :

⌒ ⌒
ʹ ʺ ‴
◡ ◡ — — — ◡ — ◡ ◡ —
Y mourir ô belle flammèche y mourir
(데스노스[Desnos], 「부정사」[*Infinitif*], *CR* 255쪽에서 분석된 예)

메쇼닉이 제기한 프로조디적 강세에 대한 정의는 대략 두 가지 물음을 제기한다. 우선, 반복 강세와 첫음절의 음소반복에서 비롯된 표시 사이에 왜 이런 식의 승인이 이루어져야만 하는가라는 물음, 다음으로 주강세가 만약 메쇼닉의 지적처럼 구술적인 커뮤니케이션의 상황과 연관되어 있다면—이러한 주장은 결과적으로 글(écrit)에서는 이것이 예측 불가능한 것을 의미하게 된다—이러한 부분에 대한 분석이 어떻게 "개인적인 차원의 발성"으로 매몰되지 않을 수 있을 것인가라는 물음이 바로 그것이다.

사실상 프로조디적인 강세는 메쇼닉이 창조한 개념으로서, "디스쿠르 속에서 주체의 의미"로 정의되는 동시에 리듬의 이해와 굳게 결속되어 있는 개념이다. 메쇼닉은 시에서 프로조디의 포화상태가 오직 구어(parlé) 속에서 표시될 수 있을 뿐인 반복 강세들의 "표현성"을 대치할 수 있다고 간주한 듯하다 :

> 디스쿠르의 시적 조직은 특히 시구에서 모든 프로조디적 형상들, 그리고 하나의 동일한 모음적 · 자음적 요소에 의한 디스쿠르의 상이

> 한 지점들을 계열체로 만드는 작업에 의해서, 구어(parlé)에서는 오로지 구어의 상황에만 속했던 것을 디스쿠르의 리듬으로 체계화시킨다. (*CR*, 220–221쪽)

얼핏 보기에는 문학 텍스트에서 비평의 섬세한 귀 기울임(분명히 주강세를 넘어서는 어떤 지점)을 결정하고, 이러한 최대치의 "음절에 따른 낭독"이나 개인적 실현을 재현하는 것은 특히 프로조디적인 형상들이나 계열들에 속한 첫 음절인 듯하다. 하지만 시 분석에서 메쇼닉은 프로조디적 계열에 속하지 않는, 따라서 "반복 강세" 계열에 속하는 몇몇 첫 음절에도 표시를 한다. 그렇다면 이것은 개인적 차원의 발성에 속하는 것은 아닌가? 클로드 필토(Claude Filteau)는 이러한 "프로조디적 강세"에 관해서 흥미로운 설명을 제안한다 : "[프로조디적 강세는] 상당수의 경우, 주음(主音)의 환상을 드러내는 강도의 강세가 아니라 바로 의미론적 가치들을 지니는 강세와 연관된다"(『현대성의 시학들』[*Poétiques de la modernité*], Montréal, L'Hexagone, 1995, 43쪽). 프로조디적 강세는 분명 하나의 읽기의 방식이겠지만, 한편, 이 개념은 텍스트에서 추상적으로 표현성을 부과한다기보다는 오히려 첫 음절의 대비 표식을 조직하는 의미론에 대한 인식을 토대로 삼는다.

Ⅳ. 리듬과 가치

메쇼닉에 의해 구분된 리듬의 세 가지 유형은 다음과 같다 :

> […] 언어학적 리듬 : 각각 언어에서 말하기의 리듬, 단어, 혹은 그룹, 그리고 문장의 리듬. 수사학적 리듬 : 문화적 전통, 문체론적 시대들, 기록한 일지에 따라 가변적인 리듬. 시학적 리듬 : 글쓰기의 조직.
> (*CR*, 233쪽)

처음 두 가지 리듬은 모든 디스쿠르들 속에 뒤섞여 있다 :

> 장문과 단문은 17세기 영국이나 스페인에서 동일한 가치를 지니고 있지 않았다. 17에서 18세기에 이르는 한 세기 동안, 프랑스에서 산문은 운문보다 더 많이 변화한다. 장단단격(長短短格)의 각운(마지막의 바로 직전 음절에 강세가 놓이는)은 영어, 독일어, 러시아어에서 동일한 가치를 지니니 않는다. 예컨대 영어에서 장단단격의 각운은 희극적이며, 독일어에서는 중립적이고, 러시아어에서는 서사적이다.
> (앙리 메쇼닉, 「리듬과 디스쿠르」, 보마르르쉐 [Beaumarchais], 쿠티 [J.-P., de Couty], 레이 [D. et A. Rey] (dir.), 『프랑스어의 문학들 사전』 [*Dictionnaire des littératures de langue française*], tome III, Paris, Bordas, 1987, 2203쪽)

앞서 언급된 세 번째 리듬은 오로지 '작품' 속에만 존재하며, 시니피앙스의 주요 인자(因子)이다. 세 번째 리듬은 나머지 두 가지 리듬을 전제한다. 또한 세 번째 리듬의 역사성이 발생하는 것은 특히 수사학적 리듬들과의 상호작용을 통해서이다.

시적 리듬은 반복되거나 차이를 일으키는 강세적 형상들에 토대를 둔다. 강세적 형상들은 의미론적 쌍에 의해 프로조디적 계열들(프로조디와 시니피앙스를 참조할 것)처럼 기능하는 "리듬적 패러다임"을 형성한다. 「가을의 노래」에 관한 연구에서 메쇼닉은 그룹의 "리듬적 은유들"을 아래 시구에서 우리가 **강조** 표시하여 강조한 부분들로 부른다.

◡ ◡ — ◡ ◡ —
J'aime de vos longs yeux **la lumière verdâtre**

◡ ◡ — ◡ ◡ — ◡ ◡ —
Ne me vaut **le soleil rayonnant sur la mer**

이렇게 부르는 까닭은 "이것이 바로 리듬에서 등가를 이루기 때문이며, 이것이 하나의 동일한 리듬이 시적으로 동일한 "의미"를 갖는다고 말하는 무엇"(*PPIII*, 335쪽)에 속하기 때문이다.

차이를 불러일으키는 형상들 중에서 우리는 한편으로는 두 개 혹은 그 이상의 연속적인 음절에 타격을 가하면서 프랑스어의 점진적인 시퀀스와는 반대로 진행되는 '역-강세'를 발견하게 된다. 메쇼닉은 자신이 고찰한 작품들에서 빈번하게 홉킨스의 **도약하는 리듬**(sprung rhythm)—"글쓰기에서 파롤의 운동"—과 매우 근접한 "강세적 포화상태"나 "강세적 초과상태"를 언급한다. 보들레르의 작품에서 보자면 두 단음절에서 형성된 '역-강세'는 *grand*과 *yeux*처럼(*PPIII*, 332–334쪽) 몇몇 시니피앙에서 특권화된 리듬으로 나타난다.

다른 한편으로 멜로디적인 하강을 동반하기 때문에 '종결적'(conclusif)이라 불리는 모음 종결과, 목소리의 가벼운 고조와 연관되기 때문에 '중지하는'(suspensif)이라 불리는 자음 종결 사이의 대립이 발견된다. 예를 들어 『악의 꽃』에서 자음 각운이 "외침의 발화행위"를 구성하는 데 비해서 모음의 하락현상은 별반 체계를 형성하지 못한다고 언급한 것을 기억할 것이다(*PPIII*, 294쪽과 프로조디, 시니피앙스를 참조할 것). 물론 이러한 대립이나 차이의 시니피앙스는 고정되어 있는 것이 아니라 분명히 작품에 따라서 상이하게 나타난다. 『사형수의 마지막 날』에서 메쇼닉은 다음과 같은 지점을 관찰한다 :

> 종결적, 다시 말해서 더 이상의 연장이 존재하지 않는 모음 결구는 […] 멜로디를 거부함으로써 서정주의의 거부와 상통하게 되며, 객관적 · 묘사적인 표기와 결정적인 무엇 · 불가피한 무엇 · 끝이 잘려진 무엇 · 지금-자아의 상태를 표시한다.
>
> 중지하고 연장하는 자음 결구는 내적 반향, 고통, 반항, 타자들에 의한 죽음을 표시한다.
>
> (*PPIV*, 67쪽)

여기서 우리는 어떻게 메쇼닉이 리듬적 차이와 일치, 그리고 특히 비유들, 의미론적 접근방식을 드러내는 장치로서의 리듬 개념에서 출발하여 "하나의 리듬적 의미론"의 궤적을 그리고 있는가를 목격한다. 만약 텍스트의 '시니피앙스-체계'가 작품의 내적 비유들의 다양한 기법들에 의해서 추출된다면, 텍스트의 역사성은 외적 · 상호 디스쿠르적인 비유의 매개변수에서 출발하여 확립될 것이다. 이 외적인 비유의 매개변수란 바로 "수사학적 리듬들"이다. 연구가들은 "글쓰기에 대한 이데올로기의 지배"(*CR*, 344쪽)를 만들어내면서 빈번히 시를 미학 속에 위치시키는 조직의 요인들에 관해서 언급한다. 예를 들어, 네 번째 시구 "뜰의 포도(鋪道) 위에 울려퍼지는 나무"(Le bois retentissant sur le pavé des cours) (*PPIII*, 322쪽)가 그러하듯 「가을의 노래」의 음소 /t/와 /k/에서 "수식적인 표현성을 연구하는 작업"은 "이 시를 문화적으로 위치시켰던 것"(*PPIII*, 322쪽)이다.

정형시구들은 분석에서 가장 빈번하게 요청되어 왔던 수사학적 리듬으로 이루어져 있다. 「가을의 노래」의 정형시구는 잘려진 시구들과 연결된 시구들 사이의 대립을 드러낸다. 알랙상드랭 박자에 의해 표시된 이 연결된 시구들은 다음과 같이 해석되었다 :

> 시절(詩節)의 결구 부분의 알랙상드랭적 박자는 리듬에 대한 정형시구의 지배를 반들어내고, 사신의 글쓰기에서 주체의 고통스런 등재를 잠재우기 위해 마련된 문화적 전통의 위로이기를 자청하면서 시작법을 포함한 수사학을 통해서 구조적으로 **화해를 시도한다.**
>
> (330쪽)

아폴리네르의 「포도월」(*Vendémiaire*)은 다음과 같은 고찰의

기회를 마련한다 : "알랙상드랭과 비(非)알랭상드랭 사이의 놀이는 옛 것과 새로운 것 사이의 긴장이나 서사와 마찬가지로 자신의 질서 속에서 하나의 긴장이자 하나의 서사를 의미한다. 시구와 구어의 서사"(*CR*, 351쪽).

따라서 메쇼닉은 이러한 연구에서 정형시구가 필요한 경우, 정형시구를 연구의 출발지점보다는 오히려 연구의 도착점으로 설정한다. 이러한 태도는 운율법을 리듬의 조건으로 제기하는 것이 아니라, 그것을 단지 리듬의 가능한 형태 중 하나로 이해하면서 더 이상 리듬에 대립시키지 않는 결과를 불러낸다. 하지만 우리는 이러한 태도가 때로는 새로운 이분법이나 적어도 '같음–다름'에 대한 또 다른 변증법도 비슷하다는 인상을 받게 되는데, 그 까닭은 "강세적 포화"의 '리듬–주체'와 충돌하게 되면서 알랙상드랭이 전통 · 안정된 조화 · 질서를 대표하는 무엇으로 해석되기 때문이다.

V. 리듬, 새롭고 완성되지 않은 무엇

우리는 여기서 운문에 대한 주된 문화적 기준으로 알랙상드랭이 자리매김하던 시대에서는 상이하게 설정되었을 것이 분명한 역사성에 관한 물음이 분석된 대부분의 작품들—예를 들어 보들레르, 랭보, 아폴리네르—에 과연 존재했는가 하는 점을 살펴보아야만 한다. 또한 수사학적 리듬과 시적 리듬의 상호작용이 한 작품에서 다른 작품으로 상이한 가치들을 "생산한다"고 전제하는 역사성에 관한 물음도 다시 살펴보아야만 한다. 한편, 이러한 물음은 질서 구축의 요인인 정형시구를 읽는 방식만큼의 다양한 해석들을 속출하게 만든다. 더 이상 알랙상드랭이 아닌 언어활동의 다양한 실험들이 지배했던 맥락에서 집필되었던 리오넬 레이(Lionel Ray)의 시는 예를 들어 읽기의 또 다른 형태를 제시한다. 이 시인의 각각 작품집들은 "고유한 형식"을 제안하는데, 특히 이것들 중 어떤 몇몇은 알랙상드랭 형식을 다시 취하기도 하였다. 메쇼닉은 이러한 선택을 "주체적이라고 선언된 시적 모험이 유년기의 해야 할 말이 드러내는 […]"(*RV*, 141쪽) 어떤 사건과 연관짓는다.

운율법에 관해 메쇼닉이 일반적으로 지적한 부분을 다시 주목하기로 하자 : "숫자들 · 조합 · 운율법은 질서의 진영이자 우주의 측면이다"(*CR*, 615쪽). 이러한 지적은 시학, 그리고 시에서와 마찬가지로 시학에서의 리듬에 부여된 유토피아적 기능에 의해서 설명될 것이다. 여기서 유토피아는 "말하자면, 어떤 필요성에 대한 표현인 동시에 세계가 그 자리를 만들지 않는 무엇, 세계에 그 자리가 마련되지 않은 무엇"(*PRPS*, 132쪽)이다. 결국 리듬이 작품에게 비평적 차원을 획득하게 해주고 새로움과 보편, 주체와 사회 사이의 모순을 작품에서 유지하게 해주는 까닭은 바로 이 때문이다. 예컨대 갸브리엘라 베데티가 기술한 것처럼 리듬은 새로움을 허용하는 것이다 :

메쇼닉은 근본적으로 '보편'에 대해서만 주로 몰두해 온 서양의

> 형이상학이 '새로움'에 대한 진정한 가능성을 제거한다고 생각한다. 보편과는 반대로 리듬은 모든 것, 예컨대 빛과 그림자 각각의 놀이, 각각의 뉘앙스 등을 포함하기 때문에 문화적 언어활동이 새로운 어떤 것을 이해하기 이전에 리듬은 이 문화에 어떤 형체를 부여한다.
>
> (베데티, 「앙리 메쇼닉 : 순수한 역사성으로서의 리듬」, New Literary History, 1992, no 23, 448쪽)

물론, 우리가 이 '새로움'을 "최근에 방금 출현한 것"(*PRPS*, 555쪽)으로서가 아니라, "이미 알려진 것으로는 결코 환원이 불가능한 무엇"(같은 쪽)이라는 의미에서 이해해야만 한다는 점은 자명하다. 이제부터 우리는 왜 '바다'처럼 기원의 상징들과 밀접히 연관되어 있는 정형시구가 역사성을 지지하는 자의 화를 돋우는지를 이해하게 된다.

우리는 기원에 관한 모든 연구, 그리고 '같음'의 모든 반복에 대항하여 매우 단호하게 설정된 리듬 이론이 텍스트의 "규칙적인 회귀"·회귀들·시간 속에서 반복되는 모든 것을 대치한다는 사실에 놀랄 수 있을 것이다. 이러한 이론은 선적 전개에 반대되어 다시 시작하는 시간성, 성 오귀스틴이 시간을 묘사한 "삼중 현재"의 기준을 통해서 증명되는 시간성을 전제한다 :

> 나(주체)의 미끄러짐, 리듬은 과거의 현재, 현재의 현재, 미래의 현재이다. 리듬은 현재에 있으면서 있지 않다. 리듬은 항상 하나의 회귀이다.
>
> (*CR*, 87쪽)

메쇼닉이 인식한 것과 같은 리듬의 회귀는 "과거에 의한 현재"보다는 오히려 "현재에 의해 과거를 다시 쓰기"를 의미할 것이다. 반대로 "과거에 의해 현재를 다시쓰기"는 오히려 포스트모더니티의 "~으로의 회귀들"(각운 · 줄거리 등등)을 특징짓는 것이다(*PRPS*, 552쪽과 556쪽을 참조할 것). 이처럼 리듬의 유토피아에 만약 단순한 선적방식의 시간을 인식하는 행위 전반에 대한 거부가 존재한다면, 이 거부는 기원의 반복 형태를 취하는 것이 아니라 현재와 미래에서부터 과거가 항구적으로 재개되는 반복을 취하게 될 것이다.

번역

우리는 이미, 리듬 이론이 갱신되는 과정을 살펴보면서 성서 번역이 차지하는 중요성을 언급한 바 있다. 이것이 중요한 까닭은 성서 텍스트가 산문과 시의 대립을 근본적으로 무효화시키기 때문이며, 성서의 조직이 주체의 구술성과 공통체의 구술성을 서로 연관짓는 낭송의 전통과 분리될 수 없는, 결합적인 동시에 분리적인 강세들의 '구술-글' (oral-écrit) 체계에 토대를 두고 있기 때문이다. 메쇼닉에게 있어서 성서 번역은 실천과 이론이 상호적으로 맞물려 있는 "실험적인 시학"의 특권화된 영역인 것이다.

바로 이러한 까닭에 우리는 번역의 사상과 기술을 문학 텍스트가 들추어내는 물음들을 통해서 변형시키는 것이 바로 시학이라고 말할 수 있다 : "왜 번역한 텍스트(원문)가 노후하지 않는 그곳에서 번역은 노후하는가? 왜 우리는 텍스트를 다시 번역하는가? 왜 그런가?" (*PPII*, 353쪽). 이러한 물음에 대답하기 위해서는 "오로지 기법들의 모음으로만 귀결될 뿐인 기계적이고 전통적인 실천, 하위-글쓰기" (*PPV*, 220쪽)와 같은, 지나치게 제한적인 번역의 정의를 과감히 버려야 하는데, 그 까닭은 이론의 부재 때문에 번역이 "적용된 어떤 이데올로기"(224쪽)로 귀결될 위험을 안고 있기 때문이다. 마찬가지로, 번역과정 전반을 전적으로 의사소통 과정으로 파악하는, 지나치게 일반적인 개념들 역시 피해야만 하는데, 그 까닭은 "동일한 한 언어(과거에서부터 현재에 이르는—특수한 문제 혹은 현재에서의 모든 문제)의 내부에서 일어난 의사소통과 하나의 언어에서 또 다른 하나의 언어 사이에 일어난 의사소통 사이의 차이들을 제거해 버리는 것이 바로 이러한 일반적인 개념들이기 때문이다"(198쪽).

만약 번역이 메쇼닉 자신이 "텍스트"라 부르는 무엇이 된다면, 그리고 만약 번역이 문학이 된다면 메쇼닉에게 있어서 번역은 일련의 시간들을 견뎌낼 수 있을 것이다. 이러한 지적은 한편으로는 작가와 번역가 사이의 구분을 없애야 한다는 사실을 전제하며, 또 다른 한편으로는, 시학이 번역이론의 "선결조건"처럼 고려된 만큼, 번역은 텍스트를 만들어내는 '힘'에 대한 전반적인 이해를 의미한다는 사실을 전제한다.

Ⅰ. 탈중심화

따라서 성공한 번역은 작품과 같은 속성들을 지니게 될 것이다. 때문에 기존의 통념들과는 반대로 번역은 "도착점"이 아니라 오히려 "출발점"인데, 이는 문학적 디스쿠르의 특성이 재발화행위,

즉 늘 갱신된 독서를 촉발시키기 때문이다(디스쿠르와 시학을 참조할 것).

이와 같은 이론은 대략 두 가지의 통념들을 반박하면서 대두된다. 이 두 가지 통념 중 하나는, 원본에 비추어 본 투명성이라는 통념인데, 이러한 통념은 원본에서 의미의 "의사소통" 자체를 특권화한다. 이와 같은 통념에 반대하는 메쇼닉의 사유는 발터 벤야민의 사유에 매우 근접해 있다 :

> 번역은 원본을 이해하지 않은 독자들을 위해서 행해지는가? 이러한 사실은 번역과 원본 사이의 예술적 수준 차이를 설명하기에 충분해 보인다. 문학작품은 무엇을 말하는가? […] 매우 적은 수의 사람들만이 그것을 이해할 뿐이다. 문학작품이 근본적으로 소유하고 있는 무엇은 의사소통이 아니다. […] 그럼에도 의사소통을 원하는 번역은 오로지 의사소통만을 전달할 줄 알 뿐이며, 이것은 따라서 비본질적인 무엇이다.
>
> (「번역가의 임무」[*La tâche du traducteur*], 『신화와 폭력』[*Mythe et violence*] (trad. Maurice de Gandillac), Paris, Denoël, 1971, p. 261.)

벤야민에게 있어서 번역을 촉발시키는 것은 벤야민 자신이 작품의 "생존 가능성"이라 부른 작품의 지속성이다. 따라서 이 경우 그 어떠한 '복제–번역'도 가능하지 않게 되는데, 그 이유는 "생존 가능성"이 "살아 있는 무엇의 변화와 재생"이나 원본의 항구적인 변형을 의미하기 때문이다. 작품의 이러한 변화로 진입하기 위해서 번역은 메쇼닉에 따르자면 "새로운 관계, 현대성, 신어(新語) 생성의 정착”(*PPII*, 311쪽)이 되어야만 한다.

비판받아야만 할 두 번째 통념은 첫 번째의 또 다른 이면이라 할 수 있는, ‘번역 불가능성’(l'intraduisible), ‘표현할 수 없음’(l'ineffable)과 관련되어 있는 통념들이다 : “한편의 시가 의사소통을 벗어나서 담지하고 있는 것은, […] 보편적인 것으로 간주된 포착할 수 없는 것, 신비적인 것, “시적인 것”은 아닌가”(262쪽)라고 벤야민은 기술한다. 따라서 번역에서 “비본질적인 것에 대한 부정확한 전달”을 목도할 위험이 존재한다. 문제는 오히려 “중요한 작품들은 결코 자신이 탄생한 시점에서 ‘미리 결정된’ 번역자들을 발견하지는 않는다”(263쪽)는 사실에 놓여 있다. 벤야민을 따르면서 메쇼닉은 번역 불가능성의 문제를 이 문제가 발생한 역사적 조건들에다가 위치시킨다 :

> 주어진 상호 언어-문화적 관계 속에 주어진 어떤 작품에 있어서, 시학들의 상호작용과 역사적 재발화행위는 당시에는 아직 생산되지 않았을 수 있으며, 발생하지 않았을 수도 있다. 텍스트로의 번역 불가능성은 따라서 이러한 역사적 이유에서 비롯된 문화적 효과일 뿐이다. 번역 불가능성은 사회적이고 역사적인 것이지, 형이상학적인 것(의사소통이 불가능한 무엇, 표현될 수 없는 무엇, 신비한 무엇, 천부적인 무엇)은 아니다.
>
> (*PPII*, 309쪽)

이러한 언급은 메쇼닉으로 하여금 1) “소개-번역”(traductions-introductions), 2) “번역-번역”(traductions-traductions)이나 “비-텍스트 번

역”(traductions non-texte)과 3) “텍스트-번역”(des traductions-textes), 즉 ‘성공한 번역’을 서로 구분하게끔 유도한다. 첫 번째는 그 자체로 “받아들여진 사유의 합”(*PPII*, 231쪽)을 의미하는 “한 시대의 가능성에 의해서”(같은 책) 정의되며, 이것은 시간이 지나면서 노후한다. 그러나 한편, 이 “한 시대의 가능성”이라는 이러한 언급을 전적으로 부정적으로 이해하지는 말아야 한다 :

> 그것은 주관적-객관적 개념, 개인적-공동체적 개념이다. 받아들여진 사유들의 합은 받아들어질 수 있는(읽히거나 쓰여질 수 있는) 것과 받아들여질 수 없는 것의 총체를 지칭한다. 가능성 개념은 이처럼 상투적인 표현들의 목록을 넘어선다. 그것은 상투적인 표현들의 목록을 포함하지만, 이데올로기의 총체로 확장된다.
>
> (*PPII*, 321-322쪽)

비-텍스트 번역이 **운반**(transport)에 만족하는 데 비해서 텍스트-번역은 **관계**(rapport) 혹은 **탈중심화**(décentrement)를 겨냥하는 것이 분명하며, 마시뇽(Massignon)이 지적한 것처럼 언어와 문화 사이에서 발생한다 :

> 할라이는 다음과 같이 말했다. 타자의 어떤 면을 이해한다는 것은 사물이 **병합되는 것**(s'annexer)은 아니며, 그것은 오히려 타자의 중심에서의 탈중심화에 의해서 이전(se transférer)되는 것이다. [⋯] 언어활동의 본질은 일종의 탈중심화일 것이다. 우리는 오로지 타자의 체계 속으로 진입하면서만 우리 자신을 이해시킬 수 있다.
>
> (루이 마시뇽, 「유대문화에서 상징의 의미론적 복잡성」

[*L'involution sémantique du symbole dans les cultures sémitiques*], *PPII*의 411-412쪽에서 인용된 부분)

탈중심화는 "두 가지 언어-문화 속에서, 언어의 언어학적 구조에 이르기까지"(*PPII*, 308쪽) 두 개의 디스쿠르 사이의 텍스트적 관계, "텍스트의 체계 속에서 가치를 이루는 언어학적 구조"(같은 책)를 의미한다. 반대로 '운반'은 이러한 관계를 즉각 소멸시켜 버린다. "문화, 시대, 언어구조의 차이들에서 형성된 추상화, 마치 출발언어로 이루어진 텍스트를 도착언어로 쓰여진 것처럼 만들어 버리는" (*PPII*, 308쪽) 병합은 이러한 형태 중의 하나이다. 또 다른 형태는 모사(模寫 calque)인데, 모사는 이와는 반대로 완전히 출발어를 향해서 이전하는 것이다. 첫 번째 유형의 번역은 '훌륭한 의미 전달'과 '충실성'(fidélité)의 보호 아래 타자의 문화에 존재하는 근본적인 요소들을 은폐한다 :

> 번역이 도착어에서 이 텍스트의 언어활동을 읽는 데에 전념한다면 번역은 도착어뿐만 아니라 도착어와 출발어 사이의 관계가 되어야만 하며, 도착어의 텍스트와 출발어의 텍스트 사이의 관계적 모순을 유지해야만 한다. 히브리어 성서의 **병행전략적**(paratactique)[논리적 관계를 명시하지 않고 명제들을 병렬하는 방식]·**등위적 구조는 히브리 성서가 구술문학이라는 사실과 불가분의 관계에 놓여 있다.** 성서를 번역하면서 보쉬에의 언어활동 속이나, 소위 **기술되었다고** 불리는 문체 속에서 **지워진 것은** 비단 언어학적 구조뿐만 아니라, 셈어가 프랑스어로 사고된 것과 마찬가지로 바로 언어적인 동시에 문

화적 번역의 형태인 **구술문학**이기도 한 것이다.

(*PPII*, 346쪽)

두 번째 유형의 번역은 모호한 관점을 바탕으로 원본을 신성화한다. 이처럼 슈라키의 성서 번역은 "히브리어를 곁에 놓고 읽지 않으면 빈번히 이해가 불가능하고" "번역 역시 불가능하며, 그것을 이해하기 위해서는 결국 히브리어를 배우는 수밖에 없다는 단 하나의 사실만을 증명하기를 원하는 듯한"(*PPV*, 235쪽) 번역으로 보인다.

운반의 문제는 번역에서 디스쿠르가 아니라 랑그의 논리에 토대를 두고 있기 때문에 발생한다. 상호 언어적 관계는 무엇보다도 우선 상호 텍스트적 관계를 통해 실현되어야만 하는 것이다.

II. 시학과 번역의 정치성

문화 간에 역사적이고 사회적인 어떤 관계를 전제하는, 텍스트에서 텍스트로 이르는 관계로서의 번역은 상당히 중요한 이데올로기적 관건들의 장소를 이룬다. 시학 · 역사성 · 정치성 사이에 메쇼닉이 상정한 관계들이 가장 명확하게 나타나는 것은 바로 번역 이론과 실천에서이다. 기존의 번역들에 대한 비평은 특히 번역과 관련된 몇몇 방법들의 정치적이고 역사적인 효과들을 보다 명시적으로 드러낸다.

만약 "문학 번역"이 언어활동에 연관된 몇몇 이론적 문제들을 드러낸다고 한다면 성서는 이러한 문제들을 집결시킨다고 말할 수 있다 : "성서는 기호의 신학적 · 정치적 세계를 그 한계까지 밀어붙인 유일한 장소이다. 이러한 기호의 세계를 뒤흔드는 것은 성서 번역의 갱신이 지니는 관건이다"(「성서를 번역하기, 요나서들에서 요나서까지」[*Traduire la Bible, de Jonas à Jona*], Langue française 51, 52–53쪽). 벤야민의 예를 따라 메쇼닉은 성서에서 번역 역사의 패러다임과 심지어 자신이 '번역하기'(traduire)라고 부르는 것의 이상적인 모델을 동시에 목격한다 : "모든 위대한 글쓰기들, 그리고 가장 높은 차원에서, 성서적 글쓰기는, 행간(行間)마다 잠재적인 자신의 번역을 내포하고 있다"(벤야민, 「번역가의 임무」, 275쪽, *PPII*의 300쪽에서 인용된 부분). 매우 빈번하게 다시 만들어진 이러한 텍스트들은 역설적으로 가장 빈번하게 "절대적으로 번역 불가능한 것으로" 여겨진 텍스트들이며, 결과적으로 가장 빈번하게 신성화가 역사성을 은폐시킨 텍스트들이다. 이처럼 성서의 다양한 번역들은 상당히 일찍부터 착수된 기독교화에 따라 유대민족의 사상을 추방하는 데 대거 동참하여 왔다. 『오서(五書)』(*Cinq Rouleaux*)와 『요나서』(*Jona*)에서 메쇼닉이 수행한 작업은 이러한 지배적 경향에 전적으로 반대하면서 나타난다 :

> 모든 시도는 당파적이다. 이러한 시도는 우리가 '의미'라 부르는 것과 '형식'이라 부르는 것의 결합에 의해 오직 출발-텍스트로 되돌아갈 수밖에는 없다. 즉 탈기독교화로 되돌아갈 수밖에 없는 것이다.

(*PPII*, 424쪽)

'병합'에 의한 투명성의 이상만큼이나 '모사'에 의한 번역 불가능성의 신화도 역사적으로 기독교화를 교묘하게 이용해 왔다. 메쇼닉은 자신이 주해한 대부분의 번안들에서 기독교화의 그릇된 효과들을 고발하였으며, 이 중 특히 나이다(E. Nida)의 화용론[51]은 가장 대표적인 경우라고 할 수 있다 :

> 사제 나이다는 자신을 보편적이라 여긴 문화적 제국주의 속에서 자신의 신과 진리에 대한 화용론을 파생시킨다. 수행적 기능으로 여겨진 번역은, 이 경우 식민지화의 이데올로기적 가면일 뿐이다.
>
> (*PPII*, 325쪽)

나이다는 형식을 "문학인 모든 것을 제거하는"(*PPII*, 328쪽) "잡음"과 동일시하면서 "대답"으로부터 "형식"을 구분하는 의사소통 이론에다가 자신의 과학적 토대를 마련한다. 가치로서가 아니라 장식처럼 간주된 "문체"는 의미를 '보편화시키는' 개념을 유발하며, 이러한 개념은 문화들 간의 차이를 은폐한다. 나이다는 기원을 수용한 입장에 토대를 둔 답변을 다시 발견하려 하며, 이러한 답변을 "오늘날 신자(信者)를 위해 보다 명확한 답변으로 대처하기"(*PPII*, 337쪽)

51 E. A. Nida, *Toward a Science of Translating*, Leiden, Brill, 1964와 E. A. Nida and Ch. Taber, *The Theory and Practice of Translation*, Leiden, Brill, 1969를 참조할 것.

를 바란다. 수용자의 이해에 초점이 맞추어진 이러한 특권은 다의성과 비유를 '밋밋하고도 평탄하게' 만들어 버리는 경향을 지닌다. 나이다는, 예를 들어, "오른손이 하고 있는 일을 왼손이 모르게 하라" (do not let your left hand know what your right hand is doing) (「마태복음 6장 3절」, 『개정 표준역』[*Revised Standard Version*][52])"를 "심지어 너의 절친한 친구조차 모르게 매번 선행을 행하라" (do it in such a way that even your closes friend will not know about it)로 대치한다. 이처럼 나이다는 대중 · 독자들(대부분은 학자들)에 따라서 상이하게 달라지는 "역동적인 등가물"을 추구할 것을 제안한다. 번역에 관한 이와 같은 태도를 통해서 번역은 복음전도의 도구로 전락하게 될 뿐만 아니라, 번역은 "종교 텍스트의 전파에 필요한 구체적인 조건들로 이용될 것" (339쪽)을 목적으로 삼게 되는 것이다 :

> 셈어의 용법은 이름에서 인칭의 상징적인 대체를 만들어내기 때문에 이러한 용법은 출발어의 맥락에 그대로 남게 되고, 현대 영어의 고유한 용법으로 대치될 것이다. 예를 들어, 이러한 방식으로 "그의 이름의 요청을 위해서" (for his name's sake)는 "예수님의 요청을 위해서" (for the sake of Christ)로 대치되는 것이다. 대명사의 대체는 소위 "혼동을 피하기 위해서" 보다 구체적으로 명시된 것이다. 다시 말해서 출발어에는 존재하지 않았던 "하나님의 요청" (God's sake)과 "예수님의 요청" (Christ's sake) 사이의 차이가 번역을 통해서 만들어진

52 신약은 1946년에, 구약은 1952년에 미국에서 출판된 번역본이며, 약자로 RSV, R.S.V.로 표기함. [역주]

것이다 […].

(338쪽)

대부분 영어 버전(특히 『킹 제임스』[*King James*] 버전)에서부터 날조된, 나이다가 제안한 번역 실습은 이러한 방법을 통해서 상당수 "출발어의 은폐"(335쪽)를 드러낸다. 게다가 나이다는 신약에 있어서는 결코 히브리어 버전을 참조한 것이 아니며, 더구나 매우 드물게 그리스어 버전을 참조하였을 뿐이다.

또 다른 극단적인 경우는 '모사'이다. 초-히브리어화하는 모사는 기독교화 전반의 문제를 해결하지 못한다. 앙드레 슈라키(André Chouraqui)의 긴 성서분석에 관해서 메쇼닉은 다음과 같이 제안한다:

> 이러한 번역이 어떠한 점에서 문학적으로 가장 현대적이고, 가장 시적이며, 언어학적으로 히브리어권에 의해 보장받은 번역처럼 소개되는지를 드러내는 것은 […] 언어학적 퇴보 · 사이비 시학이며, 또한 이러한 번역이 자신의 고유한 선언에만 사용하고 소용되는 기독교 통합운동에 유태인을 팔아넘기기 위해 원시상태화하고 민족화하는 유태인의 배반이다.
>
> (*PPV*, 233쪽)

이러한 민족화는 번역의 거부를 거쳐 완성된다. 프랑스어에서 의미를 갖고 있지 않은 히브리어의 야훼를 지칭하는 네 글자 YHWH[53]와 마찬가지로, 신을 지칭하는 명사들과 한정사들은 단순히 전사(轉寫)되었으며(엘로힘[*Elohim*][54], 엘[*El*][55]), "나의 주인 *Adonaï*[56] 처럼, 발음할 수 없는 같은 것에서 다른 한 단어를 발음해내는 히브리어 자체의 용법"(247쪽)과도 호응하지 않는다. 의미의 투명성이 조장하는 "병합주의"의 신화는 여기서 "전체의 희생으로 일시적인 효과를 특권화하며", "의미의 폭에 이르기까지" 디스쿠르를 모호하게 만들며, 의사소통을 방해하는 "자신을 위한 메시지 형식"(238쪽)의 신화로 대치되는 것이다. 따라서 메쇼닉은 "어떤 문화에 의해 시적인 것처럼, 혹은 심지어 단순하게 고어나 폐어(廢語)처럼 이미 받아들여진 언어적 특성의 용법"(245쪽)을 의미하는 "시화현상"(poétisation : 시적으로 만들어 버리기)을 지적한다. 이 경우 읽기 역시, 예를 들어 "창녀(putain) (34, 31)와 고대 그리스의 고급 창녀(hétaire) (38, 21), 중세의 어휘(왕이나 귀족의 식탁에서 술 따르는 사람[échanson], 왕실의 빵 관리인[panetier]), 그리고 "주인에게 몸을 팔다"(fautent contre leur maître) (40, 1)와 같은 저속한 표현"처럼, 번역은 불규칙하게 변화하는 언어사용의 일관성 없는 증가에 의해 전적으로 구속받게 된다. 디스쿠르에 관한 작업보다 오히려 이러한 '작은 단위'에 관련된 작업은 텍스트의 체계를 결국 변질시키게 된다. 말에서 완료형과 비

---

53 초기의 히브리어에 있어서 이 거룩한 명칭은 모음 기호 없이 네 개의 자음(YHWH ; 이를 '신성사문자'라고 칭하기도 한다)으로 표기되었다. [역주]

54 구약 성서에 나오는 하느님의 뜻의 보통 명사. [역주]

55 엘(el) : 어원적으로는 같은 셈족인 바빌로니아의 '일(Il)', 엘로힘(야훼신의 별칭) 및 아랍의 '알라'와 같은 계통이며, 주로 시리아 해안에서 발견된 우가리트어(語) 서판(書板)에 적혀 있는 내용으로 알려져 있다. [역주]

56 하느님, 주(主)를 뜻하는 히브리어. [역주]

완료형 사이 대립의 소멸은 이러한 사실을 보여주는 좋은 예를 제공한다. 거의 모든 것이 나래이션의 현재에 중첩되고, 따라서 "시간과 공간적 대립의 다양성은 고전동화의 상징적 특성과 그 계보의 효과들을 부수어 버리는 단일한 시간으로 귀결' 되곤 한다"(242쪽). 그리고 바로 여기에 번역을 통한 "선동적인 의도"가 존재할 것이다 :

> 히브리어의 완료형이 단순과거에 의해서 처리된 유일한 경우는 "처음으로 **엘로힘**(Elohim)은 하늘과 땅을 창조했다"처럼 절시(節詩)의 초입에 나타난다. 그리고 이 유일한 과거는 라쉬(Rachi)[57]가 이미 고발한 바 있는 반(反)통사적이고 반유대적 해석에다가 번역을 분류하기에 충분한데, 그 까닭은 바로 다음에 등장하는 현재 시제("그리고 빛이 있다")가 무(無)에서 비롯된 창조의 기독교 신학을 전제하는 후임(後任)을 정착시키기 때문이다.
>
> (243쪽)

게다가 이러한 의도는 기교 때문에 번역 전반에서 모사를 드러내 보인다. 이 모사는 바로 기원으로의 회귀에 사로잡혀 불일치와 불가독성(不可讀性)으로 귀결된다. 모사는 유대교와 기독교를 서로 근접시키려 하면서도 범기독교주의의 이데올로기에 사로잡혀 오로지 후자만을 특권화할 뿐이다 :

57 라쉬(Rachi, Salomon ben Isaac, 1040–1105)는 일찍이 성서의 문법적 특성에 주목했던 유대교의 전통에 입각하여 이스라엘을 하나님의 속격의 자리에 대입시키면서 "이스라엘이라는 원리를 위하여 하느님께서 하늘과 땅을 창조하셨다"라고 해석한 바 있다. [역주]

자신의 기교와 이데올로기에 의해서(기독교에 의한, 기독교를 위한) 이러한 번역은 세계 기독교 통합주의에다 자기가 필요로 하는 외국식 어법과 자기가 필요로 하는 유대인을 제공한다. 하지만 기독교는 스스로 소멸되지 않고는 자신이 성서의 독자들에게 부여한 의미, 즉 유대교를 무효화시키고, 역사화하며, 열등하게 만든 의미를 소멸시킬 수 없다. 타자에 대한 전적인 재인식 없이 […] 유대교와 기독교의 인류학 사이의 합병은 유대문화에는 오로지 함정일 뿐이며, 모순들을 은폐하면서 스스로 쇄신되려 할 뿐인 최강의 문화를 위해 봉사할 뿐이다. […] 세계 기독교 통합의 의지 뒤에는 […] 타자에 대한 부정과 무시가 항상 활발하고도 가증스럽게 남아 있는 것이다.

(250쪽)

쟁점들

리듬을 인식하기

Ⅰ. 리듬을 인식하기

리듬의 정치는 이타성에 대한 비유이다. 이는 특수성과의 관계에 의해서 성립된다. 기호는 오로지 보편성의 상관적인 차이만을 인식할 뿐이다. 반인종주의와 탈식민지화 투쟁의 보고(寶庫)는 시에 관해서 기호가 그런 것처럼 실패했던 이 개념들을 인식한다. 우리는 모두 그랬다. 그런 후 우리는 모두 달라졌다. 논의는 더 나아지지 않았다. 하지만 이타성—리듬은 기호의 **타자**, 기호의 "유대민족"이다—은 심지어 동일성에 이르는 것이 바로 이타성에 의한 것이라는 사실을 드러낸다.

(*PRPS*, 156쪽)

1982년에 출간된 논문(「당신은 구술성에서 무엇을 이해하십니까?」, *EP*의 93-133쪽에서 다시 수록된)에서 메쇼닉은 구술성과 리듬이 이제 유행이 되었다고 언급한 바 있다. 메쇼닉은 이러한 사실을 반

기면서 한편 다음과 같은 사실을 강조하였다 :

> 그것은 […] 언어활동의 물음들에 대한 순진한 동시에 평화적인 관점일 것이다. 그것은 그 어떤 전망의 변화도, 개방되어 있거나 은폐된 충돌들, 이점들, 전략들을 증명하지 않을 수 있을 것이라고 상상하면서 언어활동에 관한 물음들이 주기적으로 제시하는 유행의 효과들일 것이다.
>
> (*EP*, 93–94쪽)

이러한 지적 이후에 언어활동과 문학이론에서 리듬의 사용은 멈추지 않고 계속해서 증가하였다. 리듬의 쟁점들에 대한 논의들은 프랑스어로 출간된 작품들만을 고려해 보더라도 족히 몇 권을 이룰 정도이다. 이러한 리듬 개념의 "갱신"은 대부분 메쇼닉의 시학에 빚지고 있으며, 이 부분에 대한 고찰 역시 상당한 공간을 요구할 것이다. 그 중 한 가지 사실이 충격을 준다. 그것은 이러한 작업들의 상당수가 메쇼닉의 리듬 이론에서 매우 결정적인 역할을 하였던 벤브니스트의 논문에 토대를 둔다는 것이다. 따라서 이 벤브니스트의 논문에서 발생한 상이한 독법들은 리듬에 관해 서로 불일치하는 입장들을 가장 극명하게 드러낸다. 따라서 이 논문은 디스쿠르의 리듬뿐만 아니라, 마찬가지로 개념으로서의 리듬을 뜻하기도 할 "언어활동 이론의 계시자" 역할을 확인하는 듯하다. 단지 하나의 개념을 둘러싼 역사적 형성과정만을 드러내려 했던 벤브니스트의 텍스트는 리듬을 제시한 주요 논쟁들의 씨앗을 싹트게 한 것으로 보이며, 이러한 논쟁들은 주로 리듬의 그리스적 수용을 규명하는 작업 속에서 전개되었다.

이러한 논쟁에서 관건으로 부각된 몇 가지 고찰들을 간략하게 소개하는 과정에서 우리가 설명하고자 하는 것은 바로 벤브니스트가 조사한 개념의 역할, 그리고 벤브니스트 자신이 수행한 계시자의 역할이다. 메쇼닉적인 의미에서 "리듬을 제대로 인식하기 위해서", 다시 말해서 빈번하게 이미지 · 정형시구 · 의미의 우월성에 의해서 은폐되어 왔던 리듬의 중요성을 인식하기 위해서 이러한 지점을 다시 살펴보고자 한다. 우리가 연구한 작업들에서 나타나는 벤브니스트와 메쇼닉의 제안에 대한 저항은 "전통이론의 고집"이나 바다와 정형시구 사이의 은유에 대한 집착을 드러낸다. 그러나 한편 이러한 집착으로부터 리듬을 개념적으로 포착하는 과정에서 발생하는 상당한 난점들, 즉 그 자체로 상당한 힘을 지닌 메쇼닉의 이론이 완전히 피해가지는 못할 어떤 난점들을 환기시켜는 일이 발생하기도 한다. 이처럼 "리듬을 인식한다는 행위", 그것은 또한 문제를 제기하기인 것이다. 예컨대, "움직이는 무엇의 특이한 배열이나 배치"를 과연 무엇을 통해서, 그리고 어떻게 인식한다는 것인가?

이러한 논의는 상당히 긴 부분의 인용자료를 요구할 것이다. 따라서 자료에서 언급된 이론들을 상세히 검토하기보다는 독자들이 이러한 이론들을 참조하기를 바랄 뿐이다.

II. "바다, 바다, 항상 다시 시작되는 바다"

가장 최근에 제시된 첫 번째 예는 이오니아어(語) "류트모스"에 대한 벤브니스트적 해석에 이의를 제기하는 논리이다. 이것이 바로 「에밀 벤브니스, 플라톤과 파도의 리듬(아버지, 아버지, 항상 다시 시작하는 …)」(『에밀 벤브니스트에 대한 독서들』[58])이라는 제목의 카트린 달리미에(C. Dalimier)의 논문이다. 달리미에는 개념의 의미 변화에 대한 새로운 문헌학적 분석을 제안한다. 그러면서 그녀는 간접적으로 메쇼닉의 작업에 이의를 제기한다. 그러나 메쇼닉을 직접 인용하지는 않는다.

언어학자 벤브니스트의 제안은 달리미에에 의해서 다음과 같이 요약되었다 :

> 가장 오래된 경우를 고찰해 보아도 **류트모스**는 오로지 하나의 **공간적** "형태"를 지칭할 뿐이다. 벤브니스트는 이 형식이 "고정되어 있지 않으며, 더구나 본질적인 필연성도 없이" "즉흥적이고, 일시적이며, 변형 가능한 것", 한마디로 "이오니아 철학에서 자연과 사물들의 근본적인 술어"(述語)에 일치하는 '흐르는 형식'"(*PLG* I, 333쪽)이

58 C. Dalimier, 「Emile Benveniste, Platon et le rythme des flots(Le père, le père, toujours recommencé)」, in *Lectures d'Emile Benveniste*, Linx, no 26, Université Paris X Nanterre, 1999, pp. 137-157.

라고 말한다. 말을 춤의 운동형식에 적용하면서 의미론적 전복을 주도한 자는 바로 플라톤일 것이다. 플라톤은 말에다가 **척도**와 **질서**라는 두 가지 새로운 한정사를 부과하였다. 따라서 우리가 **시간적** 리듬 개념을 갖게 되거나 사전(辭典)들의 설명에서 드러나는, 벤브니스트가 최근에 비유를 통해서 강조했던 이 "파도의 리듬", 즉 물결의 되풀이 현상을 지각할 수 있는 까닭은 바로 벤브니스트 자신이 플라톤의 "창조"(333쪽)라고 부른 것 덕분일 것이다.

(138-139쪽)

"텍스트의 가장 압축적인 고찰"을 통해서 그녀는 "벤브니스트의 설명"을 뒤흔들기를 원한다 : "오로지 어떤 선험적인 "과학자"만이 시간성이나 측정과 연관된 류트모스란 용어, 그리고 규칙성이나 때론 심지어 코드의 모든 전(前) 플라톤적인 용법을 은폐할 수 있었을 뿐이다"(137쪽).

달리미에는 벤브니스트로부터 "플라톤이 **류트모스**에 부여하는 […] 가치의 작동적 우월성", 다시 말해서 "더 이상 모호하고, 우연적이며, 순간적인 형식이나 현상적인 출현이 아니라, 형성된 형식, 분석과 척도의 대상"(142쪽)을 정립할 이성중심주의의 방어수단을 만들어낸다. 그녀는 "배열"이라는 개념에다가 구조와 "척도의 대상"이라는 의미를 부여하는데, 이러한 작업은 한편 언어학자 벤브니스트가 하지 않았던 무엇에 해당된다. 그녀는 벤브니스트가 구조주의와 거리를 유지했다는 사실을 망각하고 있는 것이다. 그녀의 고찰이 지니는 목적은 언어학이라는 "인어가 부르는 노래"를 따라가다 야기된 "난파"를 번역자들이 피해가게끔 만드는 데 놓여 있다.

척도에 토대를 둔 "현대적" 개념의 기원을 플라톤에게서 소급해 오는 행위에 반박을 가하는 이러한 주장은 이 개념이 플라톤 이전에 이미 존재하였다는 사실을 드러내기 위해서 오로지 "척도의 대상"이라는 의미에만 가치를 부여하게 된다. 메쇼닉 역시 이러한 사실을 지적하는 것을 잊지 않는다 :

> 달리미에의 비판에서 주목할 만한 것은, 그녀 자신이 벤브니스트가 범하고 있다고 비판한 것을 매우 정확하게 그대로 실행하고 있다는 점이다. "벤브니스트가 언급한 상당수의 예들"에서 벤브니스트가 쫓았던 "항구적인 관심사"에 반대하는 선입견이 절대로 필요했던 것이다. 벤브니스트의 항구적인 관심사는 "고정되어 있지 않으며, 항상 변화할 주제의 배치를 야기하는" "총괄적인 양식"에 이르는, "**류트모스**에 의해 지시된 형식의 개인적이고, 특별하며, 가변적인 특성"을 주장하는 데 놓여 있었다. 그러나 그녀는 동일한 맥락에서조차 "지각된 형식은 전체나 계열 속에서 형식을 포착케 하는 형식의 되풀이나 비율에 의해서 드러나게 된다"라거나, "때론 형식이 심지어 기술적이거나 예술적인, 혹은 문화적인 코드의 효과"(달리미에, 147쪽)일 뿐이라고 주장한다.
>
> (*SB*, 40–41쪽)

뿐만 아니라 달리미에는 벤브니스트가 이오니아적 공간 개념과 플라톤적 시간 개념 사이에 대립의 오류를 범했다고 비판한다. 이러한 달리미에의 비판을 메쇼닉은 다음과 같이 반박한다 : "벤브니스트는 "지속 속에서"라고 기술하지 않았으며, 또한 플라톤은 **지속 속에서** 개념을 **이전시키지** 않았다"(SB, 45쪽). 이와 같은 메쇼닉의 반박에서 불거져 나온 문제는 용어의 역사가 용어의 이론을 보증하지는 않는다는 사실이다. 벤브니스트의 분석은 오히려 사실을 발견하는 데 필요한 수단처럼 사용된다. 예컨대, 비록 운율적 개념이 플라톤 이전에 존재했다고 하더라도, 이러한 사실이 이오니아 철학에서 리듬이 지니는 특별한 의미의 효력을 부정하는 것은 결코 아닌 것이다 :

> [벤브니스트의] 논문에서 발굴된, 리듬을 다룬 이오니아 철학과 플라톤의 관계가 벤브니스트의 사유에 내포되어 있었다는 사실은 자명한 것이다. 그러나 플라톤 이전의 "규칙적이며 크기의 측정이 가능한 되풀이"가 존재했다는 사실을 드러내려 애쓰는 다리미에의 검증 계획은, **비록 그것이 확인되었다고 하더라도**, 벤브니스트가 언급했던 것이기도 한 전통의 활동범위 안에 귀결되면서 오로지 이미 사유된 것만을 보다 강화할 것이다. 이러한 검증계획은 사유하는 행위에 기여를 하는 대신 사유를 낡은 강기슭으로 인도한다.
>
> (*SB*, 39쪽)

크기가 측정된 형식들에다가 리듬을 적용할 가능성보다 오히려 메쇼닉에게 더욱 중요한 문제는 바로 이오니아적인 리듬의 **연속성**이다 : "[…] 되풀이나 비율은 흐르는 것을 식별할 수 없다. 관건은 **연속성**에 놓여 있다. 그리고 본질적인 것도 바로 이것이다 […]"(*SB*, 40–41쪽).

해석가 달리미에가 결국 벤브니스트에게 이의를 제기한 것은 벤브니스트 개념의 합리적 · 비본성적 특성이다. 언어활동에 대한 본성주의적 개념과 역사적 개념이 서로 대립하는 것도 바로 이러한 지점이다. 메쇼닉은 달리미에가 그랬다고 믿는 것처럼 언어학자 벤브니스트가 "리듬-파도의 은유"를 비난한 것은 결코 아니었으며, 오히려 "우리가 본성에 속한다고 여긴 것이 오직 디스쿠르의 역사적 작업에서부터 비롯되었다는 사실을 증명하려했다"(*SB*, 45쪽)고 주장한다.

III. 리듬 : 형이상학적, 현상학적? 혹은 인류학적?

리듬에 관한 본성적 이해와 인류학적 이해 사이의 대립은 여러 가지 이론들로 분할되어 나타난다. 우리는 벤브니스트의 연구에 대립적인 관점을 표명하는 또 다른 입장을 지적할 수 있을 것이다. 이러한 입장은 명확하게 주위를 변화시킨 것은 아니지만, 롤랑 지니(L. Jenney)가 앙토냉 아르토(A. Artaud)의 작품을 고찰하는 과정[59]에서 명확하게 취했던 입장이기도 하다.

지니가 출발점으로 삼는 것은 앙토냉 아르토와 자크 리비에르(J. Rivière) 사이에 주고받았던 편지이다. 이 후자의 "멸시"는 지니가 시인에게 "테스트 씨(Monsieur Teste)[60]의 신드롬 : 고유한 자기

59 롤랑 지니(L Jenny), 『공포와 기호, 단절의 시학들』(*La terreur et les signes, Poétiques de rupture*), Gallimard, 1982, 213-231쪽.

실체의 정신에 따른 탕진, 사유의 무질서한 증식”(221쪽)을 부여하게끔 유도한다. 그러나 리비에르는 “이러한 두 가지 “경우”에서 기이하게도 내용과 리듬의 관계를 게을리 한다”(221쪽). 이와는 반대로 아르토에게 있어서는 “리듬의 부재”, “엉뚱한, 다시 말해서 메트로놈[61]에 의지하는 사적인 리듬”(219쪽)이 존재하며, 우리는 테스트 씨에 관해서, “아르토의 대척점에 위치해서, 그가 오히려 순수한 박자의 인간”(221쪽)이라고 말할 수 있을 것이다. 이러한 논의는 정형시구와 리듬 사이의 관계들에 관한 낡은 문제를 지니가 다시 제기하는 원인을 제공한다 :

> 필연적으로 보다 변증법적인 관계에서 정형시구와 리듬을 이해해야 하며, 이러한 개념들을 의미의 진입과 따로 떼어내어서 사고하지 말아야 한다. 그럼에도 불구하고 리비에르의 모든 동시대 이론(이제 막 갱신된 이론)은 이러한 요구와는 완전히 반대로 나아간다. 이러한 이론은 진정으로 이 양자의 상호작용의 토대를 구축하지 않은 채 정형시구와 리듬을 합칠 뿐이다. 이러한 이론은 모든 표현에, 그리고 디스쿠르의 모든 작품화에 앞서서 사유하게끔 조장하는 초월적인 메커니즘 속에서 이 양자를 제기한다.
>
> (222-223쪽)

60 프랑스의 시인 발레리가 1926년 간행한 산문 작품집. 『테스트 씨와의 하룻밤』(1896)을 중심으로 30년 후에 「서문」(1925), 「친구의 편지」(1924), 「테스트 씨 부인의 편지」(1924), 「항해일지초」(航海日誌抄)(1925)를 함께 묶어 『테스트 씨』로 출간되었다. [역주]

61 기계적이고 규칙적인 템포를 측정하는 기구. [역주]

지니는 이 "초월적인 메커니즘"을 두 가지 예를 들어 설명한다. 하나는 심장의 근본적인 단장(短長 iambe)격 박자이론이 "정형시구의 우월성"(223쪽)을 드러나게 한다는 폴 클로델(P. Claudel)의 예인데, 이러한 이론은 호흡의 자유로운 리듬을 윤색한다. 두 번째는 비운율적이고 "삶의 세포로 구성된 신진대사 속에" 뿌리박은 "리듬의 우월성"을 드러내는 마르셀 주스(M. Jousse)의 예이다. 이 두 번째 경우, 정형시구는 리듬과의 관계에 비추어 볼 때 단지 하나의 "기하학적 구도"(224쪽)일 뿐이다. 여기서 우리는 지니가 이러한 형이상학적 개념과 대립시킨 특성이 리듬의 인류학적 특성이 아니라 현상학적인 차원이라는 점을 강조할 필요가 있다. 다시 말해서 그것은 **발생하는** 것으로부터 만들어진, **형성된** 것과 떼어낼 수 없는, **발현시키는** 형식의 차원에서 논해진 리듬인 것이다. 이것이 바로 벤브니스트의 글에서 그가 읽어낸 것이다 : "어원적 기억은 형식의 리듬과 생산이 **동일한** 하나의 개념처럼 제시된 핵심사항을 기억하고 있다"(226쪽). 물론 리듬을 '발생하는 무엇'처럼—**선험적인** 무엇이 아니라—이해하는 행위는 리듬의 인류학적이고 역사적인 특성을 고려하게끔 허용한다. 지니가 리듬과 "의미로의 진입"의 불가분성을 환기했을 때, 그는 메쇼닉에 보다 근접해 있다고 할 수 있다.

그러나 이후에 행해진 지니의 독해는 어찌되었건 간에 『리듬 비평』에서 제안된 그것과는 상이하게 달라진다. 벤브니스트에 의해 지적된 이오니아적이고 플라톤적인 두 가지 정의에서, ῥυθμός가 "항상 어떤 형식의 갑작스런 출현을 표시하는데 사용되었으며" 또한 "상징화의 운동과 구별되지 않았다"(227쪽)는 사실을 강조하면서 지니는 두 가지 ῥυθμός를 첫 번째는 일시성에, 그리고 두 번째는 연속성에 위치시켜 따로 분리해낸다 :

> 첫 번째는 예외적이며 임의적이다. 그것은 거의 우연의 결과라고 할 수 있다. 예컨대 구분할 수 없는 것들에서 형식들을 추출해내는 변동성에서 발생하는 갑작스런 결정인 것이다. […] 특징이 없는 이러한 상징화는 세계를 떠다니며 오로지 조각들에 의존해서만 세계에 접근한다. 이러한 상징화는 어떤 주제의 실현이나 혹은 어떤 몸체의 영원성을 운동으로 만들려고 하면서 힘과 연속성을 발견할 것이다. 이것이 바로 무용술이 남긴 교훈이다.
>
> (227쪽)

여기서 첫 번째 수용은 "고정되지 않을 뿐만 아니라 본성적 필요성도 없는 배열이나 배치, 그리고 항상 그 주제가 변화하는 배열에서 기인한 결과"(*PLG*, I, 33쪽)라고 벤브니스트가 부여한 정의의 일부분을 반영하면서 공간적으로 위치되었다. 하지만 무엇보다도 우리는 언어학자 벤브니스트가 다음과 같이 기술했다는 사실을 다시 상기해야만 한다 : "문자 그대로 "흐르는 것의 특수한 방식"을 의미하는 ῥυθμός는 배치들 [등등]을 기술하는 데 가장 적합한 용어였다." 이러한 문자 그대로의 정의는—여기서 고전 세계에서 펼쳐진 이러저러한 경우의 수용에 관한 논쟁은 논외로 하기로 한다—이미 시간적인 "연속성"으로서의 리듬 이론을 제기한다. 이러한 리듬 이론은 그것이 "어떤 주체의 실현"—운동의 방식이 반드시 척도나 고정된 크기에 종속되지 않는다는 점을 감안한다면—이 될 때 "배열들"

사이의 어떤 관계를 전제하게 마련이다. 메쇼닉이 제안한 이론은, 리듬에 관한 정의에서, 어찌되었건 '흐르는 것의 특수한 방식'을 인식하는 방법을 명시적으로 드러내는 작업을 지체하지 않을 것이다.

IV. "척도 없는 리듬"의 난점

미셸 드기(M. Deguy)나 미셸 콜로(M. Collot)처럼 메쇼닉 이론에 비판을 가한 몇몇 비평가들이 확신하는 것은 바로 이와 같은 리듬의 '지각에 관한 문제'였다.

드기는 두 개의 긴 논문 「리듬의 문채, 문채들의 리듬」(*Figure du rythme, rythme des figures*)[62]과 「리듬을 형상화하기」(*Figurer le rythme*)[63]에서 이 문제에 대해서 기술한 바 있다. 그는 자신의 다른 다양한 저서들[64]에서도 보들레르, 베를렌느, 말라르메, 아폴리네르의 연구[65]를 이러한 문제에 상당부분 할애한 바 있다. 초반부터 드기는 무엇보다도 "여기에 항상 존재하는" 위대한 리듬의 형이상학적 개념에서 벗

62 Langue français, no 23, 1974, p. 24－40.

63 미셀 드기, 『시의 사물들과 문회적 관심사』(*Choses de la poésie et affaire culturelle*), Hachette, 1986, p. 101－111에 수록됨.

64 Jumelage suivi de Made in USA, Seoul, 1978 ; *La poésie n'est pas seule. Court traité de poétique*, Seoul, 987.

65 *Choses de la poésie et affaire culturelle*, p. 21－73.

어나기 위해서 벤브니스트의 연구를 참조하고 또한 적극 활용한다 :

> 우리가 익히 알고 있는 것처럼 난점은 **발생한 후**에 리듬을 들을 수 없다는 사실에 놓여 있다. 그것은 마치 "우선적"일 어떤 것을 규칙적으로 재단하는 작업처럼, 심지어 미리 주어지고 결정된 동일한 언어활동에 있어서도 "본성"을 이편저편으로 옮기기에는 너무 늦어 버리기 때문이다. 말하는 언어활동처럼 랑그의 존재에 보다 복잡한 합의를 도출한다는 사유는 벤브니스트의 도움을 받는다 : ῥέω에 의해서 어원과 그것의 비유적 묘사를 부수어 버리면서 벤브니스트는 마지막으로 보다 "심오한" 어원을 제시하기보다는 보다 흥미로운 관계를 제안한다. ῥυσμὸς에서 σχῆμα에 이르는 관계가 바로 그것이다. ῥυθμiζ은 '형상화하다' (figurer)로 번역될 수 있다.
>
> (「리듬의 문채, 문채들의 리듬」, 25쪽)

하지만 그는 벤브니스트의 몇몇 결론들, 특히 벤브니스트가 파도들의 리듬을 처리하는 과정 자체는 다루지 않고 유보한다. 우리는 여기서 드기의 첫 번째 논문에서 등장한 비판보다 보다 명료하게 제시된 「리듬을 형상화하기」에서의 비판을 다시 제시하기로 한다 :

> 벤브니스트가 서두에서 제안했으며 후기에서도 다시 발견되는, 어원 전반에 관한 가장 일반석인 내용은 "간격들이나 동일힌 회귀에 관한 고찰"(327쪽)에 대해 언급하는 데 할애된다. […]
>
> 나는 "지속 안에서 정돈된 운동들의 지형도"에 집착하는, 마지막 단어가 약화시키지는 않을 이러한 선결적인 정의가 **다른 어떤 것들 중에서도** "원시 헬라스인의 해안가 파도놀이"(335쪽)에 관한 지각에 매우 부합한다는 점을 지적하고자 한다. 만약 **은유가** 두 가지 관계

> 를 나타내는 인접한 단어와 사물에 인접한 **형상**을 지칭한다고 전제한다면 [···] 이러한 놀이는 따라서 "은유"를 경유하게 될 것이다. 그러나 우리는 벤브니스트 함께 "**우리가** 파도들의 리듬에 관해 언급할 때, **우리가** 은유적으로 표현한다"(335쪽)라고 말하지는 않을 것이다. 예컨대 우리를 나타내는 것은 오히려 파도들의 리듬인 것이다. [···]
>
> 첫 페이지(327쪽)의 마지막 부분에 나타난 벤브니스트의 조심스런 반어법은, 우리가 "파도들의 규칙적인 운동들에서 말의 의미를 빌려올 수 있으며, 본성으로부터 사물들의 원리를 배울 수 있다는 사실", 혹은 이러한 지각이 "정신에서 리듬에 관한 사유를 탄생시킬 수 있다는 사실"에 이의를 제기하고 있다. 따라서 여기서 관건은 언어학이 아니라, 사물과 사물의 의미 표상 사이의 관계에 관여하는 철학적 물음인 것이다. 그것이 무엇이건 간에—카네티에 따른 걸음이건 혹은 클로델의 심장의학이건—물음은 "리듬에 관한 사유의 원천"인 현실적 패러다임에 관한 물음인 것이다." 예컨대 그것이 "가장 중요한 발견"(327쪽)이건 그렇지 않건 오히려 "동일한 용어 속에 등재된" 다른 어떤 것에 우리는 항상 이의를 제기할 것이다. 만약 그것이 언어로 보존되고 어원화된 리듬의 사유에 스스로 모습을 드러낼 가능성을 부여한다고 전제된, 어떤 것을 드러내는 최초의 존재가 아니라면 말이다.
>
> (104-104쪽)

리듬의 본성적인 모습에 대한 이와 같은 집착은 "**발생한 후에 리듬을 듣는 것은 아니라고**" 주장한 부분을 드기 자신이 취하하는 것처럼 보인다. 비유가 핵심을 이루는 드기의 시학에서 이 점은 다시 설정되어야만 하며, 다음과 같은 드기의 비교적 명확한 지적 역시 설명되어야만 할 것이다 :

> 리듬들(음악적 리듬, 몸짓의 리듬, 시적 리듬)을 현실적으로, 그리고 귀납적으로 추론하는 것이 문제의 핵심인 것은 아니다. 이것보다는 어떤 최초의 상징적인 도식 덕분에, 다시 말해서 모든 것을 환유적으로 가치 환산하면서 리듬의 실천과 리듬에 관한 사유가 어떤 최초의 상징적인 도식 덕분에 포착되는가를 이해하는 것이 보다 중요한 문제인 것이다.
>
> (105쪽)

이러한 주장에는 메쇼닉의 이론과 충돌하는 논쟁적인 부분이 자리한다. 드기는 메쇼닉 이론의 두 가지 측면을 공격한다. 우선 시와 주체, 그리고 세계와의 관계에 관해 메쇼닉이 현상학적 고찰을 전적으로 거부한 데에 대한 비판이 첫 번째 공격이며, 운율법에 대한 메쇼닉의 가차 없는 비판이 두 번째로 드기가 공격의 대상으로 삼고 있는 지점이다. 한편 메쇼닉과는 달리 드기가 이 둘(현상학적 측면과 운율법)을 고려하는 까닭은 흐름(파도)의 내적 표식들을 지니지 않는 리듬을 인식한다는 것이 거의 불가능하다고 판단하였기 때문이다 : "변형들의 변형인 **순수한 리듬**에 관한 사유와 변하는 것을 변화시키는 끊임없는 어떤 변화에 대한 사유는 그것을 나타내기에는 불가능하다"(「리듬을 형상화하기」, 108쪽). 드기는 운율법을 "시니피앙스"를 이해하는 데 필요한 "추상의 제스추어"라고 파악한다. 그는 음성적인 차원에서 간격들과 동일한 회귀에 대한 고찰을 시니피앙스에 포함시킨다.

드기가 제안한 "리듬"은 한편 음성적인 무엇을 초과하는 데, 그 까닭은 "공유하는 의미론이 두 가지 측면에 흥미를 갖기 때문이며, 리듬의 최소한의 차이와 형상들을 분배하는 차이 사이에 발견해야 하는 규칙적인 상동관계가 존재하기 때문이다[…]"(30쪽). 드기는 이러한 관점을 바탕으로 이미지 · 형상 · 리듬을 시의 공존 가능한 구성요인으로 연관짓는 삼분화된 모델을 제안한다. 리듬은 삼분화된 모델의 도처에서 작동하지만 이미지는 보다 특수하게 '사물들의 사물들'을 의미하며, 시는 상호 접근 속에서 형상들과 수사학의 다양한 경향들이나 리듬(엄밀한 의미에서), 그리고 리듬의 강세적 · 운율적 · 음성적 구성요소들을 표출한다. 대단위의 비교 요소들에서 출발하여 드기는 리듬의 기본적이고 변별적인 소립자를 추출해내는데, 그것은 바로 요소들이 여러 가지 다양한 방식으로 상호 교체될 수 있는 휴지(休止)(강/약)이다. 드기는 다양한 고찰들, 특히 서로 분리되거나 결합되는 분음(分音 diérèse)과 그 반대어인 모음 융합(synérèse)의 형상들에 관한 고찰을 통해서 리듬을 "차이의 구축"이나 "반복 가능한 차이의 구축"으로 정의한다. 이러한 차이는 "이음새"—접합과 분절—에 관한 사유를 중심으로 진행되며, 현상학적 · 수사학적 · 운율학적-강세적-음성적인 차원에서 반영된다.

『시의 사물들』의 저자 드기는 자신의 연구에서 자주 리듬을 역설적인 방식으로 소개해 왔다. 차이는 같음과 다름 사이의 교체가 아니라 긴장, 요컨대 발생 가능한 긴장들의 복수성을 의미한다. 리듬을 이해하기 위해서는 시구에서 출발해서는 안 되며, 일상 언어활동에서 시작해야 한다고 주장하는 메쇼닉과는 반대로 드기는 자신의 주요 고찰장소를 바로 시구에서 만들어낸다.

이러한 출발점의 핵심 요소—바로 이러한 이유 때문에 드기의 관점은 "운율학적"이라고 할 수 있다—는, 비록 리듬이 "규칙에 대한 투쟁"을 야기한다고 하더라도, 시구가 "규범의 구축과 해체"에 가장 적합하다는 점을 인정하는 데 달려 있다. 드기에 의하면 이러한 투쟁은 전통과 협약 간에 실행될 수 있지만, 이와 마찬가지로 '기다림' (attente)과 '대답' 사이에, 시구와 시구 자신의 강세적인 도식들 간에 형성되는 비교 속에서도 실행될 수 있다 :

> 프로조디의 위치에 따른 강세는 규칙성이나 **박자**에 적합한 기다림에 의해 유보된다. 반복이 프로조디의 위치에 따른 강세에서 감추어지거나 미리 설정되기 위해서는 하나의 시퀀스가 자신의 톤을 동반하면서 자리 잡는 것만으로도 충분하다. [···] 심지어 자유시에서조차 어떤 모태는 불일치의 효과들을 마련하면서 배열되어 있는 것이다.
>
> (「리듬의 문채, 문채들의 리듬」, 36쪽)

드기는 메쇼닉 이론이 지닌 난점을 직접 지적한다. 그것은 다름 아닌 리듬의 지각적인 차원이다. 그러나 드기의 지적과는 반대로 우리는 정형시구라는 단어에 대한 드기의 수용이 약간은 폭넓게 설정되어 있다는 사실을 관찰할 수 있다. 정형시구는 긴장들의 여러 가지 형태에 관계된다. 더구나 모든 정형시구가 위치를 담지해낼 수 있는 동등성의 체계를 의미하는 것은 아니다.

미쉘 콜로 역시 「리듬과 정형시구 : 동일성과 차이 사이」

(*Rythme et mètre : entre identité et différence*)[66]에서 『리듬 비평』에서 메쇼닉이 전개하였던 "척도 없는 리듬"의 가능성에 이의를 제기한다. 콜로는 특히 메쇼닉의 몇몇 논쟁적인 발언에 강력히 항의하는데, 이를 테면 현대시가 "운율법의 실패"[67]일 것이라든가, 운율법이 "독재적이고 전체주의적인 단일화에 봉사"(이것은 콜로의 표현임, 79쪽)할 것이라는 등등의 몇 차례에 걸친 메쇼닉의 제안을 문제 삼는다. 벤브니스트에 의해 활성화된 *rhuthmos*와 *skhèma*(도식) 간의 관계에서 출발하여 콜로는 리듬을 지각의 한 사건으로 정의한다 :

> 리듬은 위치를 담지해낼 수 있는 동시에 가변적인(이것이 바로 벤브니스트에 의해 접미어 – θμος에 의해서 섭입된 결정적인 뉘앙스이다) 조직화의 원리에 의거해서, 물결(ῥυ)에 질서를 부여한 감각적인 것의 형식화와 지각에 대한 도식화의 특이한 한 가지 경우를 의미한다. "정돈"과 "변화" 사이, "형식화"와 "변형" 사이, "같음"과 "다름" 사이의 불안정한 균형은 리듬의 시학적 작동기능의 한 가운데 위치한다.
>
> (76쪽)

그러나 한편 콜로는 "리듬"에 "정형시구"의 가치와는 상반된 어떤 가치를 부여한다 : "리듬은 시에서, 정형시구와 대립되지만, 한편 그것을 전제한다"(76쪽). 이에 비해서 메쇼닉은 리듬이 운

66 *Protée*, vol. 18, numéros 1, 『리듬들』(*Rythmes*), hiver 1990, p. 75–80.
67 메쇼닉, 「리듬 비평에 관한 단상들」(*Langue française*), no 23, 1974, 17쪽.

율학에 대립된다는 콜로의 주장에도 불구하고 리듬에서 정형시구를 포괄할 수 있거나 그렇지 않을 수도 있는 지형도를 만들어낸다. 정형시구의 필연성을 전재하기 위한 원칙적인 콜로의 주장은 다음과 같다:

> 프랑스 시의 언표에서 리듬은 무엇보다도 우선 강세화 현상에 토대를 둔다. 또한 이러한 강세화 현상은 음절과 휴지의 집결단위를 결정짓는다. 더구나 이러한 집결 단위는, 만약 그것이 복합적이고 가변적인 조합을 목적으로 할 때는 제한된 수로 이루어진 몇몇 모델에 복종하는 경향을 보이며, 이것이 바로 **정형시구**라는 이름으로 전통이 인정해 온 것이기도 하다. 어떤 리듬적 교체를 동반한 모든 시적 시퀀스들은 필연적으로 "운율적 기억"으로부터 자신의 몇몇 음절 그룹들이나 강세적인 도식들을 차용하기 마련이다.
>
> (76-77쪽)

이러한 입장은 콜로가 자신의 논문에서 상기한 바 있는 자크 루보의 입장(리듬을 참조할 것)에 매우 근접한 것이다. 콜로는 이어서 미셸 드기의 "규범의 구축-해체", 특히 드기가 전제로 내세웠던 "모태"에 의지하면서 정형시구에 대한 자신의 정의를 확정짓는다. 운율학에 토대를 둔 법칙은, 시의 첫 번째 시구와 그 다음 시구들 사이에 맺어진 관계에 의해서 언표의 외부에 위치할 수 있으며(이것이 전통의 정형시구, "프로조디적 코드"의 정형시구이다), 혹은 언표행위 속에서 조직될 수 있다.

시퀀스 사이의 관계들에 관한 물음—우리는 시퀀스를 시

구의 관계에만 제한하기보다는 일반적으로 다양한 형태의 집결단위들(리듬적 그룹들, 휴지의 상이한 형식들에서 분리된 그룹들)처럼 고려할 수 있다—은 리듬의 점유에서는 매우 근본적인 물음에 해당된다. 메쇼닉은 우리가 앞서 살펴본 바와 같이 이러한 부분에 대한 정의를 고려하기보다는 오히려 분석의 모델들을 제시하거나 직접 분석을 감행한다. 예컨대 계열체적 차원에서 "리듬적 시퀀스들의 대립"(*PPIII*, 287쪽)이나 통합적인 차원에서 리듬적 시퀀스들의 반복을 포착해내려 노력한다. 한편, 음성적 고찰(의미를 벗어나 취해진 음절적 도식들)을 리듬의 모든 것으로 여기지 말아야 한다는(특히 반복을 중심으로) 염려를 나타내지만, 한편 메쇼닉은 리듬을 정의할 때 "회귀"부분(반복의 형식성에 지나치게 연관된 '같음'이라는 용어를 피하기 위해서—의미는 "같음"일 수는 없다)과 리듬의 이해에 있어서 비교의 동적 부분을 보다 명확하게 구체화하지는 않는다.

이러한 물음을 다루기 위해서는 어쩌면 현상학적 설명에 도움을 받아야 할지도 모른다. 이러한 시도는 벤브니스트를 자기식으로 다시 읽어내면서 리듬과 시간성 사이의 관계를 정립하고, 이를 통해서 리듬 개념에서 늘 포착되지 않는 것처럼 보였던 부분에 접근한 자크 가렐리(J. Garelli)의 다음과 같은 제안을 가능하게 하였다 :

> 만약 언어학자 벤브니스트가 강조하고 있듯이 "θμος로의 형성이 개념의 완성이 아니라, 개념 성취에 대한 "눈앞에" 제시된 것과 같은 특이한 양태를 의미한다면, 시간에 관한 문제들이 리듬에 관한 문제

틀의 핵심으로 설정되는 순간, 바로 이러한 성취의 전개에 관련된 "지형도"와 "형식"에 의해서만 리듬을 실행하는 시간의 실행적 행동 없이는 전개도 존재하지 않는다는 사실을 인정하게 된다는 것은 놀라운 것이 아니다.

(『리듬들과 세계들』[*Rythmes et mondes*], Jérôme Millon, 1990, 28쪽)

시적 리듬을 시간적인 동시에 의미하는 전개처럼 간주하는 데 있어서 가렐리는 선적이지 않은 체험된 시간을 다룬 철학 이론들—특히 성 아우구스투스, 후설, 하이데거의 철학—에서 영감을 받았다.

메쇼닉이 리듬을 체험된 시간의 발현 주체로 간주할 때, 메쇼닉의 이론 역시 이러한 관점과 동떨어져 있지 않다 :

한 텍스트의 리듬은 이 텍스트의 시간을 만들어내고 독자를 위해서 시간의 '의미-형식'을 이루는 하나의 '의미-형식'을 만들어낸다. 운율법에 의거한 것과 같은 시간 **속에서** 요소들의 연속은 리듬에 의해서는 존재하지 않게 된다. 하나의 관계가 존재할 뿐이다. 그런 다음으로, 시퀀스의 **동기**는 주어지지 않는다. '하나의 체계로서의 텍스트'(un texte–système)가 존재하지 않는다면 디스쿠르의 요소들 또한 오로지 개별적인 구절들일 뿐이다. 리듬의 어떤 부분은 비언어학적이며, 게다가 거기에 체계가 존재한다. 예컨대 이데올로기적이며 전문용어적인 등등의 체계가 거기에 존재하는 것이다. 하지만 하나의 체계로서의 텍스트 속에서는 디스쿠르에 관한 물음이 체험된 시간에서 제기된다.

(*CR*, 224–225쪽)

그러나 이와 같은 주장에도 불구하고 메쇼닉은 현상학이

언어활동 이론을 결여하고 있다는 이유로 현상학을 거부한다. 후설의 모델처럼 "시간의 의식"에 관한 모델들이나 하이데거의 "여기 존재하는 것의 시간성"은 디스쿠르 속에서 주체의 위치에 선행(先行)하며 역사를 벗어난 경험을 목적으로 한다. 메쇼닉은 현상학의 시간에서 지각, 기억, 상상력 같은 진부한 요소들을 바탕으로 한 현상학의 심리주의를 비판한다(*LH*, 225쪽).

메쇼닉의 이러한 현상학 반박과 현상학에 대한 이의제기는 문학적인 것을 문학적인 것의 역사성을 포착하기 위한 언어활동에 토대를 두고 사유하는 시학의 전망 속에서만 전개될 수 있을 것이다. 어찌되었건 메쇼닉은 기억과 기다림을 자신의 방식으로 재해석한다. 전자(기억)는 바로 리듬의 회귀를 경유한다 :

> 주체(je)의 미끄러짐, 리듬은 과거의, 현재의, 미래의 현재이다. 리듬은 현재에 있으면서 있지 않다. 리듬은 항상 회귀이다. 바로 이러한 까닭에 **회귀하는 것**은 시구가 아니라 바로 시인 것이다.
>
> (*CR*, 87쪽)

후자(기다림)는 "미래에 대한 무지"와 "미래에 대한 앎"의 역설적인 결합을 경유한다 :

> 시는 특히 우리가 알지 못하는 앎, 우리가 참조할 수 없는 어떤 앎이다. 미래에 대한 무지 속에서 과거에 대한 부분적인 앎인 시는 그것이 어떤 주체의 결정을 등재하는 정도에 따라서 미래에 대한 앎인 것이다.

(*CR*, 87쪽)

사실상 시간에 관련된 철학들에서 메쇼닉은 기억과 기다림으로부터 능력이 아니라 "언어활동–주체의 양태들"(*LH*, 221쪽)을 만들어내면서 시간에 대한 발화행위적인 이해를 가능하게 한 오귀스틴의 철학을 존속시킨다. 한편 "체험된 시간"을 전제하는 듯이 보이는 리듬에 관련된 시간적 **경험**은 논의되지 않았다.

열린 가능성

시/역사에서 목소리로

Ⅰ. 시에서 시학으로, 연속성

문학비평과 이론분야에서 메쇼닉 작품의 영향을 받은 학자들과 그 반향은 상당수에 달한다. 앞장에서 환기했던 리듬 연구의 증가현상은, 비록 이러한 연구 중 몇몇이 메쇼닉의 제안과 직접 연관되지 않다고 하더라도, 이러한 영향에 대한 설득력 있는 증거를 제시한다고 할 수 있다. 우리는 여기서 더 이상 『리듬 비평』에서 고안된 분석절차들에 의존한 연구들이나 논문들을 헤아리지 않기로 한다. 오늘날 심심치 않게 학생들의 교재에서 리듬과 시니피앙스의 정의나 리듬 표기체계가 등장하는 것을 목격한다. 더욱이 번역의 영역은 『오서(五書)』(*Cinq Rouleaux*)의 역자 메쇼닉에게 상당한 빚을 지고 있는 것도 사실이다. 이러한 영향력과 반향을 정확히 측정하기 위해서는 어찌되었건 상당량의 연구가 필요할 것이다. 예컨대 우리는 얼마든지 메쇼닉 이론의 연장이자 이행을 증명하며 또한 충분히 강력한 이론들을 추출해낼 수 있는 것이다.

한편, 비교적 간략하며 불완전할 것이 분명한 이 글에서는 끊임없이 실천과의 연대로 귀결되는 메쇼닉의 시에 많은 부분이 할애되기보다는 메쇼닉의 이론이 보다 많이 다루어졌을 것이다. 메쇼닉의 시에 관한 분석을 소개하는 자리가 아니기 때문에 우리는 오히려 독자들에게 오늘도 여전히 지속되고 있는 작품들, 예를 들어 『헌사 잠언들』(*Dédicaces proverbes*, Gallimard, 1972), 『우리의 재개(再改)에서』(*Dans nos recommencements*, Gallimard, 1976), 『믿기 어려운 매일』(*Légendaire chaque jour*, Gallimard, 1979), 『목소리의 여행자들』(*Voyageurs de la voix*, Verdier, 1985), 『우리 그 통로』(*Nous le passage*, Artalect, 1990) 등등을 위시로 한 주요 작품집에서 선별한 몇 편의 시를 소개하기로 결정하였으며, 『결코 그리고 어느 날』(*Jamias et un jour*, Dominique Bedou, 1986)만이 지면상의 이유로 소개되지 못했다. 메쇼닉 자신도 여기서 소개될 몇몇 텍스트를 직접 나에게 제안하기도 하였다. 작품들의 전문(全文)을 함께 읽기는 것이 불가능하다는 사실을 염두에 두고 우리는 몇몇 부분을 발췌하기로 하였다. 한편, 『목소리의 여행자들』과 『우리 그 통로』는 저자의 낭독을 녹음한 카세트 테이프가 존재한다. 유일하게 자음을 떨게 만들고 행갈이를 끊는 법을 아는 이 "목소리의 여행"을 경험하기 위해서는 카세트 테이프 녹음을 청취해야만 할 것이다.

독자들은 말과 역사, 목소리와 시간이 환기된 몇몇 시에서 즉각적으로 이론과 함께 도모된 사유의 도약을 들을 수 있을 것이다. 다른 현대 시인들과 마찬가지로 메쇼닉에게 있어서도 시는 시 자신에 관해서 말한다. 그러나 한편, 메쇼닉의 시는 오로지 시 그것만을 말하지는 않는다. 만약 우리가 시작품과 시학에서 역사와 일상, 도래할 기억과 미지에 대한 염려를 목격한다면 동일하게 말하는 방식을 벗어난 다른 방식으로 말하는 행위가 작품의 도처에서 목격될 것이다. 우리가 메타 시학으로 특징지을 수 있는 이러한 요소들은 작품집이 계속 출간됨에 따라 점점 더 "목소리"로 변해가는 경향, 자신의 리듬을 발견한 글쓰기의 총체가 정착되는 경향을 띤다.

『헌사 잠언들』은 "오직 자신의 문학에 관한 것을 제외하고는 그 무엇도 말할 것이 없는 형식주의자들의 앵무새와도 같은 구태의연한 반복"(9쪽)에서 벗어나려는 욕망을 직접적으로 드러낸 도입부와 더불어 시작된다. 이러한 욕망은 역설적으로 잠언이나 결속된 구(句)들처럼 "보다 사회화된 문장들"(7쪽)을 사용하여 주체가 되려는 시도를 경유한다. 이보다는 오히려 상투적인 것과 관련된 작업은 한편 초현실주의자들의 경우에서 드러난 것처럼 아이러니한 전복이나 엉뚱함을 지향하기보다는 메쇼닉의 작품에서는 '개인화' (personnalisation)를 향할 것이다 : "나는 우리를 취하기 위해서 손의 흥미를 추구하였다"(『우리의 재개(再改)에서』, 75쪽). 이러한 개인화는 초반기의 작품집에서 프로조디 망이나 시구의 초입이나 말미에 고립되는 현상, 그리고 상호성을 지닌 통사구조에 의해 가치를 부여받은 나(je), 너(tu), 우리(nous) 같은 인칭대명사에 집착하는 용법 덕분에 실현된다.

만약 초창기의 몇몇 사랑시가 어렴풋이 엘뤼아르적인 반향을 나타내었다고 한다면("하지만 나는 너를 보는 법을 많이 배웠다/내가 더 이상 너와 떨어질 수 없다는")(『헌사 잠언들』, 51쪽), 한편 메쇼닉의 작품에서 통사구조는 기존의 모든 작품과는 현저하게 구분된다. 이론에서도 표출된 연속성에 관한 고민은 시작품에서는 "실사(實辭)적인 문체와 명사들 아래로 동사를 숨막히게 만드는 명명(命名)"(『헌사 잠언들』, 9쪽)에서 벗어나려는 의지를 통해서 발현된다. 동사 역시 명예가 복원되고 난 후에는 단지 "단어들-도구"일 뿐이며, 더 이상 실사들의 수직성과 고정에 대항하는 관계의 표현이 아니다. 이러한 관계의 표현은 게다가 빈번하게 구(句)들로 대치된다. (만약 네가 너를 찾는다면 너는 나를 발견할 것이며/오로지 알지 못하게 하지 않을 뿐인 무엇보다 강력한)(『헌사 잠언들』, 78쪽). 연속성의 추구는 어찌되었건 초창기 작품에서는 시구에서 내적 중첩으로 나타나고, 보다 후의 작품, 특히 『경이로운 매일』에서는 행걸침의 증가현상으로 표출되는 절분법(切分法)의 호흡과 맞닥뜨리게 된다. 한편 이와 마찬가지로 가장 최근에 출간된 작품에서는 때때로 우화나 나래이션의 단장, 묘사나 비인칭대명사의 몇몇 요소들이 등장하며, 이러한 요소들은 상황을 보다 잘 나타내는 언급들과 함께 새로운 연속성, 새로운 전망을 구축한다. 표현양식은 어찌되었건 우화보다 중요하게 남게 되며, 다량으로 표출된 나, 너, 우리는 최근의 작품들에서는 목소리에서 역사로 이르는, 역사에서 목소리로 이르는 어떤 통로를 구축한다.

II. 선별된 시들

나는 내가 우리에 관해 아는 것에 대해 단지 매 순간 하나의 편린
[(片鱗)일 뿐이라고
내가 알고 있는 것을 너에게서 훔쳐온다 그것은 항상 또 다른
[편린이다
모든 것이 존재하는 것은 아니다 그렇지 않다면 우리 모두는 미완
[성을 향하는데.
너는 부르지 않았다 나는 우리가 아닌 편린들을 뒤적인다
여전히 우리가 섞여있는 곳에서 나는 너에 관한 아주 적은 매번의
[것을 따로 떼어놓는다.
애쓰면서 우리가 순수한 몸을 고립시킬 수 있는 것처럼 우리를
[한데 모으려고
나는 발견한다 나는 덧붙인다 나는 우리의 변형을 끝내지 않았다
우리는 닮아간다 점점 더.

(『헌사 잠언』, 70쪽)

하나인 너의 존재는 거기에 있었던 둘인 너보다 더 낫다
너는 다시 잠을 청한다 이 순간은 고통스레 숨쉰다
너는 네가 어디에 있는지 어디에 깨어 있는지 알지 못한다 내 몸에서
줄어들지 않고 무엇보다도 분산되지 않은 그것은 바로 두 다리이다
네가 나에게 글을 쓰는 그 내부에서 깨어나는 나는 너의 말들과
[더불어 살아간다
네가 어떻게 고통 없이 너를 인식할 수 있겠는가

왜냐하면 너는 더 이상 타인들의 여인이 아니기 때문이다 그들은
[떠났다
너는 오로지 너와 나를 위해서가 아니라면 네가 갖고 있지 않을
[통로에 도착한다
너는 내가 발견하게끔 너를 돕는다는 사실을 네가 알지 못하는 어떤
나라를 향하여
네가 천천히 우리 얼굴의 윤곽을 제거하는 동안에
타인들과 너 사이에 그것을 덮고 있던 베일을 벗어나서
나는 거기서 빠져 나온다 너는 똑같은 몸짓으로 자리한다
나는 우리의 탄생에 참여한다
하나인 네가 웃는 것은 둘인 내가 너를 아파하는 것보다 더 낫다

(『헌사 잠언』, 84쪽)

나는 우리의 이야기를 손에 쥐고 있지 않다
우리는 우리가 우리의 모자 속으로 우리의 발을 넣듯이 서로를 알고
있다
단지가 어디서 깨어졌는가를 말하기 위하여
왜냐하면 유년 시절이 끌어당기기 때문에
우리는 그의 신발 속에서 웃고 있다
우리는 하늘과 더불어 굽히고 우리는 대지와 더불어 올라간다
우리는 목격하면 했을수록 우리는 침묵한다
우리는 우리의 두 눈 속에서 우리의 잠자리를 마련한다
우리는 우리의 동화를 끝내지 않는다.

(『우리의 재개에서』, 43쪽)

여기도 아니며 망명도 아니라
우리의 역사는 언어이다

내가 나의 언어를 통해서 말하는 왜냐하면
나는 언어가 말하는 자를 갖지 않은 의미이기 때문이다
우리의 발밑에 있는 어떤 장소에서가 아니라
알지 않기를 앞지르며 지키고 있는 자
현존하는 우리 왜냐하면 우리는 미래의 생일을 축하하기 때문에
과거의 그것보다도 더

(『믿기 어려운 매일』, 17쪽)

우리의 삶 하나의
이야기 오로지 매번 시작하는
다음 문장을
우리는 좇을 수 없으며 정확히
호흡하지만
우리가 말할 때
몸은 집결된다
우리는 너를 나를 마시고　테이블은
붙잡는다 그리고 우리들 사이의 의미는
공간을 우리와 똑같은 리듬에다 놓는다
우리는 다시 잡을 수 있다 우리는
듣는다 하나의 역사를
우리는 거기서 인식한다
목소리를

(『믿기 어려운 매일』, 81쪽)

거대한 이야기들이 세계의 붕괴와 함께 마찬가지로 상실된 이후에
기억은 지금의 소음에서 물러난 각각의 침묵을 듣기 시작하였다
탄생하는 자신의 역사를 거기서 좇기 위해서

여기 한편의 나와틀어로 쓰여진 시에서 그에게 남겨진 것 속에서
정복한 이후에

한 아이가 말한다 자신의
어머니에게 내가 죽으면
나를 노변(爐邊)에 묻어주렴
네가 울음을 터뜨릴 때
만약 우리가 너에게 왜냐고 묻는다면
너는 말하리라 그것은 연기라고

(『믿기 어려운 매일』, 63쪽)

통로들
비 속의 정원에서 타오르는 불꽃
돌반지와 함께 놀았던 또 다른 무엇보다도
우리에게서
얻은 것 어떤 장난 어떤 공
그들이 정신을 잃었을 때
하늘에서 맴돌러 갔고
온실의 열기 속으로 우리가 하강했을 때 함께
결빙으로 두 배로 늘어날 나뭇가지들과 함께 그
도시들은 우리의 이름인 깃발들을 진열한다
우리 역시 구멍 뚫린 동전을 간직하고 있었다 위해서
우리 속으로 들어온 매번의 여정을 위해서 마치
체험된 시간 살아야 할 시간처럼 한 사람이 다른 사람 속에서
[미래를 연다
우리가 빠져나올 미래를
여기에는 더 이상 별들 사이에 위와 아래가 존재하는 앞도 뒤도

[존재 하지 않는다
옷에서 피부로 이르는 연속된 변화가 있을 뿐 이 벗음의 웃음은
[함께 새로운 입을 만들어낸다
상실 이득 등짝 그
얼굴
오늘의 우리 얼굴이
지워진 부분인 얼굴을 갖고 있는
곳을 향하여

(『믿기 어려운 매일』, 43쪽)

우리가 겨우 알아들은 것은 샘솟는 것이다
글을
글을 쓸수록 나는
오로지 나의 문장에 따라서 의미를 갖을 뿐이다 나는 오로지
걸음에 따라서만 발밑의 땅을 갖을 뿐이다 나는 오로지
내일에 의한 오늘만을 갖고 있을 뿐이다 나는 오로지
너에 의해서 나일뿐이다 나는 오로지
내가 망각한 나의 자리만을 취할 뿐이다
말하기는
나를 해체한다 만약 내가 그것을 그렇게 하지 않는다면

(『믿기 어려운 매일』, 24쪽)

너는 나의 도피처이다 왜냐하면 나는 일어난다 그리고 나는
도피한다 너는 나의
복부 깊은 곳에 있는 잠이다 선박의
선원들이 흔들리는 동안 너는
나의 폭풍우이며 바다이다 내가

다시 살아나기 위해 몸을 던졌던 왜냐하면
너의 복부에서 나는 스스로를 인식하기 때문이다 하지만 내가
멀어질 때 내가 나 자신에게서 멀어질 때 그것은
내가 네 속에 있지 않기 때문이다 하지만 나는
내 복부를 다시 살려내면서 다시 당도하는 너이다 너의 두 눈이
나의 낡은 흔적들을 갖고 있는 것은 바로 나에 의해서이다 나는
댓가를 치루었다 나는
시간을 쏟아 부었고 그것은 똑같은 선박 안에서 있다
우리가 나의 이야기를 너의 그것을 해석하는 것은 못한 채
우리가 그것을 알지 못한 채 왜냐하면 나는 하지 않았었기
이해하지 않는 것을 선택하지 않았었기 때문이다 되기를
대기 속의 물고기 한 마리 물속의 새 한 마리이기를 선택하지 않았기
때문이다 오로지
이제는 너의 피부에 의해서만 호흡하면서 그리고 두 배로 나는
나의 고유한 입을 따라 나의 인생에서 빠져나왔다 너의
잠이 나를 취할 때 나는 시작한다 그 곳에서 내가
멈춘 바로 그 곳에서

(『목소리의 여행자들』, 11쪽)

나는 많이 걸었다 내가
결코 말하지 않은 데서부터 그것이
나의 길이라고 나의 이름들은 어지럽힌다
나의 흔적들을 나는 멀리 찾지 않는다
사진의 아이는 들고 있다
양 팔을 나의 십년은 한 권의 책이다
하얀

(『목소리의 여행자들』, 20쪽)

마치 어떤 이야기처럼 멀리서 온 나를 닮은 이미지들은
우선 나의 것이 아니지만 차츰 차츰 나를 구성하는 이야기
비록 내가 거기서 나 자신을 알아보지 못하지만
나는 내가 찾는 것이 아니라 나를 범람하는 것 속에 있다
나는 아침 신문에서 나의 기원들을 발견한다
또한 우리가 더 이상 듣지 않는 외침들은 붉은 바다이다 갈라진
매일 우리에게서 비롯된 무엇인가가 망각 사이를 지난다

(『목소리의 여행자들』, 69쪽)

나는 낡은 여행들을 정리한다
나는 바다를 발명하기 위해서 이것들을 가지고 있다
나는 우리를 둘러싼 세월을 위해서 이것들을 가지고 있다
나는 그것들을 들을 때까지 그것들을 가지고 있다
내가 너의 기억 위로 두 눈을 취할 때
그리고 내가 구름들의 모습에 따라 그것들을 연장할 때
아니다 나는 한 명의 여행자가 아니다
그것은 우리에게 일어나는 장소들 우리를
운반하는 장소들이며 우리가 탐험하는 우리의 역사이다
우리는 만들기 시작한다
노후한 목소리의 여행자들을
우리의 추억들은 함께 잠든다
그리고 우리는
일어난 일을 귀기울여 들으면서　　우리는
바람을 들이 마신다

(『목소리의 여행자들』, 60쪽)

심장은 밤을 두들긴다 그는

밤의 경주를 두들긴다
낮을 거쳐서 그는 두들긴다
밤으로부터 환하게 밝아온 낮을
그것은 두들긴다 마치 우리가 보지 않는 것처럼
보이는 것의 내부에서
마치 걸음이 모자라는 것처럼 마치
바닥이 모자라는 것처럼 그는 두들긴다 마치 우리가 꺼내듯
입 속에서 태양을
그리고 우리는 주위를 돈다 우리는 돈다
주위를

(『우리 그 통로』, 26쪽)

두 입술은 기슭이라기보다는 결코 말해지지 않을 모든 것의
가장자리이다 우리가 서로의 말 속에서 우리 자신을 던지는 결코
말해지지 않을 우리에게 이러한 말들은 자신의 테두리에서 우리를
[착수하기 위해서
우리 이전에 준비된 곳 우리를 결속하는 움직임들은 우리가 그것을
노래한다고 말할 수는 없지만 가락이 우리를 노래하는 그것이며 우리를 목소리 없이 방치하는 어떤 분위기 위에 우리를 떼어놓는다

(『우리 그 통로』, 71쪽)

있었다
우리가 해체한 날들
우리의 손은 손가락을 잃어버렸다
우리는 점
점 더 좁아졌다
우리의 시선 속에서

우리가 할 수 있는 지금
걸을 수 꿈꿀 수 있는
우리 자신의 주위로
우리를 붙잡지 않고
우리는 여전히 공포에 대해 공포를 느낀다
하지만 공포는 우리를 손 안에서 먹어치운다
그리고 우리는 잠든다 공포가 밤을 지새울 때

(『우리 그 통로』, 46쪽)

우리로부터
모든 순간들은 살아간다
하지만 아주 적은 수의 사람들만이 단어들을 발견한다
그것은 단어들이 들이 마시는 기억이다
말하기의 언저리에 가닿기 위해
그리고 단어들은 목구멍에 밀착된다
어쩌면 단어들은 행복들을 갖고 있으리라
침묵으로 펴져나가는
마치 사물들처럼
어쩌면 그들은
매우 생생할 것이다 그들이 망각할 만큼 그들이
살아갈 만큼 그리고 단어들은 이것들의 끝
우리가 유지하고 있는 생의 끝이다 하지만
그들은 목소리에 이르지는 않는다
왜냐하면 우리가 갖고 있는 단어들이
단지 우리에게 그들이 갖고 있는 것만을 말하기 때문이다
이름을 갖고 있는 않은 모든 것
그리고 우리가 우리에게 말하기를 원하는 모든 것

정말로 말들은 우리에게서
침묵을 만들어낸다 그리고 그것은
언어활동이 헌정된
이러한 침묵에 속한다
우리가 우리 사이에서 말할 때

(『우리 그 통로』, 83쪽)

색인

지은이_**루시 부라사**

루시 부라사는 몬트리올 대학교 프랑스 문학과 교수로 재직 중에 있다. 대학에서 프랑스 문학과 20세기 퀘벡 문학을 가르치면서 상당수의 저서를 집필하였다.

시학과 현상학을 바탕으로 리듬에 관한 물음을 던지는 과정에서 『현대 시에서 리듬과 의미』(*Rythme et sens, des processus rythmiques en poésie contemporaine*), 『현대 산문에서 담화적 시간성』(*La temporalité discursive dans la prose contemporaine*), 『시적 서사에서 담화적 리듬과 시간성』(*Rythme et temporalité discursive dans le récit poétique*), 『현대 프랑스 시에서 시간의 경험과 의미작용의 방식』(*Modes de signification et expérience du temps dans la poésie française contemporaine*) 등을 집필하였으며, 최근 들어 번역학에 관심을 갖기 시작하여 독일 베를린 대학에서 교환교수로 있으면서 독일문학 번역과 이론을 연구하였다. 위 작품 외에 프랑스, 독일, 이탈리아, 캐나다 등지에서 상당수의 논문을 발표하였으며, 2003년부터 「프랑스 연구」(*Études françaises*)지의 편집장을 맡고 있다.

옮긴이_**조재룡**

조재룡(趙在龍)은 성균관대학교 불어불문학과를 졸업하고 프랑스 파리 8대학에서 석 · 박사학위를 취득하였다. 서울대학교 한국문화연구소에서 연구원을 지냈으며, 성균관대, 고려대, 한양대 등에서 문학을 강의하고 있다. 현재 성균관대 인문과학 연구소 연구원으로 재직 중이며, 앙리 메쇼닉의 제자들로 구성된 폴라르(Polart : Poétique et politique de l'art)의 회원이다. 2003년 「비평」지에 평론을 발표하면서 문학평론가로 활동 중이며, 시학과 번역학 전반, 프랑스와 한국문학에 관한 다수의 논문을 집필하였다.

저서로는 『앙리 메쇼닉과 현대비평 : 시학 · 번역 · 주체』(2007, 길), 역서로는 『행복의 역사』(열린터, 2007), 『시학을 위하여 1』(새물결, 2004), 『시학입문』(동문선, 2005), 『천일야화』(마로니에북스, 2006) 등이 있다.

앙리 메쇼닉 : 리듬의 시학을 위하여

초판1쇄 / 2007년 7월 21일

지은이 **루시 부라사**
옮긴이 **조재룡**
펴낸이 **여국동**
펴낸곳 **도서출판 인간사랑**
인 쇄 **백왕인쇄**
제 본 **은정제책사**

출판등록 1983. 1. 26. / 제일-3호

(411-815) 경기도 고양시 일산구 백석동 1178-1
TEL (031)901-8144, 907-2003
FAX (031)905-5815
e-mail / igsr@yahoo.co.kr
igsr@naver.com

정가 17,000원

ISBN 978-89-7418-809-2 93800

※ 잘못된 책은 교환해 드립니다.